CB050839

A conquista do espaço

BYA BARROS

TEXTO: BETH OLIVEIRA

Editora GLOBO

Copyright (c) 2000 by Bya Barros
e Beth Oliveira

Capa: inc. design editorial
Foto: Tuca Reynés
Edição e preparação de texto: Silvana Salerno
Projeto gráfico e diagramação: inc. design editorial
Designers: Fátima Liberatori do Amaral e Luiza Vidigal
Assistentes de arte: Gabriela Penna Marins e Gabriela Guenther
Fotos: Tuca Reynés e Fernando Figueiredo
Ilustrações: Beth Oliveira e Bya Barros

Todos os direitos reservados. Nenhuma parte desta edição pode ser utilizada ou reproduzida — em qualquer meio ou forma, seja mecânico ou eletrônico, fotocópia, gravação etc. — nem apropriada ou estocada em sistema de banco de dados, sem a expressa autorização da editora.

Dados Internacionais de Catalogação na Publicação (CIP)
(Câmara Brasileira do Livro, SP, Brasil)

Barros, Bya,
    A conquista do espaço / Bya Barros, Beth Oliveira. —
São Paulo : Globo, 2000.

    ISBN 85-250-3308-1

    1. Arquitetura de interiores 2. decoração de interiores
I. Oliveira, Beth. II. Título

00-5008   CDD-747

Índices para catálogo sistemático
1. Decoração de Interiores   747

EDITORA GLOBO S.A.
Avenida Jaguaré 1485
CEP 05446-902   Tel. 3767-7000   São Paulo-SP   Brasil
e-mail: atendimento@edglobo.com.br

agradeço a Deus em primeiro lugar, meu Senhor, que me faz crescer e enxergar o espaço construído em meu interior ao longo desses últimos sete anos, a partir do alicerce de amor em mim plantado.

Agradeço a toda a minha família, a meus filhos Veridiana e Leopoldo, a meus enteados Érika, Carlinhos e Pedro, e a meu "genro" Paolo.

Ao meu marido Carlos Francisco, grande companheiro, com quem vivo horas, minutos e segundos de prazer e sofrer, para sempre poder sentir vivo o amor que existe entre nós.

À minha professora, irmã e amiga Silvia, e a meu cunhado José Roberto, um verdadeiro irmão.

A meu afilhado André e à minha sobrinha Roberta, que ajudam sempre a iluminar meus caminhos.

À minha sogra Maria de Lourdes, que com toda a sabedoria sempre me passa o melhor conselho: PACIÊNCIA!

E ao maior ídolo de toda a minha vida, além de Michelangelo, minha mãe Ilda, que me deu à luz para enfrentar a vida com humildade, simplicidade e garra, para lutar e sempre tentar vencer.

Para meu pai Gerson (*in memorium*), que sempre me deu suporte e incentivo para o projeto de ser arquiteta, carreira em que venho me realizando a cada dia.

Aos meus cunhados Renata e Tasso, Diana e José Carlos, Vera, Lia e Hugo.

A toda a minha equipe de trabalho: José Roberto, José, Shirley, Tutty, Brito, Linda, Neá, Cynthia, Carol, Juliana, Milene, Ana Cristina e Elaine, e a todos os outros que já passaram por todos os meus escritórios e empresas ao longo de minha vida.

À equipe deste livro, à colaboradora e parceira da noite Beth Oliveira, ao Wagner, à Luiza e à Fátima, à Otacília com quem compartilhei momentos incríveis ao fazermos este livro.

Aos leitores deste compêndio todo o meu carinho. Deixo claro que não sou escritora, nem pretendo ser, mas espero proporcionar-lhes momentos de doces delírios...

PAUSA NA ROTINA

A modelo, 70
O senador, 76
Dressed to kill, 82
Encontro frustrado, 90
A longa jornada, 96
Retorno ao passado, 102
Uma vamp hollywoodiana, 110
A consumista, 116
Uma história de cinema, 122

PAUSA PARA HISTÓRIA

Requinte na Antiguidade, 34
Roma antiga, 52
Inglaterra vitoriana, 62

MINHA VIDA, 11
A casa dos dez mil azulejos, 13

UM DIA COM BYA BARROS, 23
Mantendo a fleuma, 25

combinar elementos

DICAS PARA ESPAÇOS DIFERENCIADOS, 33

OSSOS DO OFÍCIO, 51
Um apartamento funcional, 53
Não dá pra esquecer, 54
Aquele abraço... 55
Uma casa insuspeita, 56
Malhação, 57
A garota do pôster, 58

OS DEZ MANDAMENTOS, 61

reunir histórias

ENTRANDO EM TERRITÓRIOS ÍNTIMOS, 69
Confidências de mulher, 71
Confidências de solteiro, 72
Confidências de casal, 73

O APARTAMENTO DO HOMEM SOLTEIRO, 75
A *razão* masculina, 77
Espaço para devaneio, 78
Trabalho polivalente, 79

OBJETOS DE DESEJO, 81
A banheira dupla, 83
Palco iluminado, 84
O tubarão, 85
Lonely heart, 86

DESCOBRINDO UMA VIDA SAUDÁVEL, 89
A psicóloga, 91
O atleta, 92
Boa forma, 93

REDESCOBRIR A PRÓPRIA CASA, 95
A casa em Alphaville, 97
Viver além dos quartos, 98
Elefante branco, 99

VIDA EM FAMÍLIA, 101
Os armênios, 103
As adolescentes, 104
O sultão, 105
Recomeçar, 106

O CLIENTE E SEU ANIMAL DE ESTIMAÇÃO, 109
Lulu de madame, 111
Guarda-roupa de grife, 112
Marcando território... 113

O CÍRCULO DA VIDA, 115
Seven year itch, 117
Um endereço, duas histórias, 118

SAVOIR-VIVRE, 121
Viver com pouco, 123
Viver com muito, 124

construir cenários

PROJETOS RESIDENCIAIS, 131

PROJETOS COMERCIAIS, 149

PROJETOS ESPECIAIS, 163

tive a sorte de buscar uma carreira profissional que, além de me proporcionar todo o conforto e recompensa financeira, fez de mim uma pessoa realizada e feliz. Sempre encarei meu trabalho com seriedade, entusiasmo e alegria, e há muito tempo sonhava com o projeto de escrever um livro contando minhas experiências, e de como é a vida de alguém cuja profissão é antes de tudo um lazer, um lazer remunerado.

Meu trabalho é o meu *violon d'Ingres*. Há quase vinte anos atuo na área de Arquitetura e Decoração de Interiores trabalhando em casas, apartamentos, acabamentos de edifícios até a decoração, restaurantes, bares, clínicas de cirurgia plástica e de pediatria infantil, enfim todos os segmentos que abrangem o setor.

Nasci e cresci num ambiente onde tudo tinha a ver com a criação artística e a procura de harmonia e equilíbrio estético. Meu pai, Gerson Parente de Barros, e minha mãe, Ilda Theresa, são descendentes de franceses e italianos, e o casamento deles foi também o casamento dessas duas culturas que são sinônimo de beleza e criatividade. Isso me foi transmitido como uma herança genético-cultural, pois segundo Olga Krell "Estudar é fundamental, mas para se sobressair é preciso ter também um dom inato". E eu compartilho essa afirmação.

Meus pais fundaram a Faculdade de Artes Plásticas de Campinas, onde lecionaram e coordenaram cursos de artes por mais de dez anos. A filosofia de vida deles e sua atividade profissional fizeram com que, desde muito cedo, eu e minha irmã maior, Silvia, seguíssemos de maneira óbvia e natural o caminho das artes. Meu pai era o nosso mecenas. Acreditava, incentivava e proporcionava todo o suporte emocional e material para que pudéssemos desenvolver nossas idéias e projetos.

bya barros

minha vida

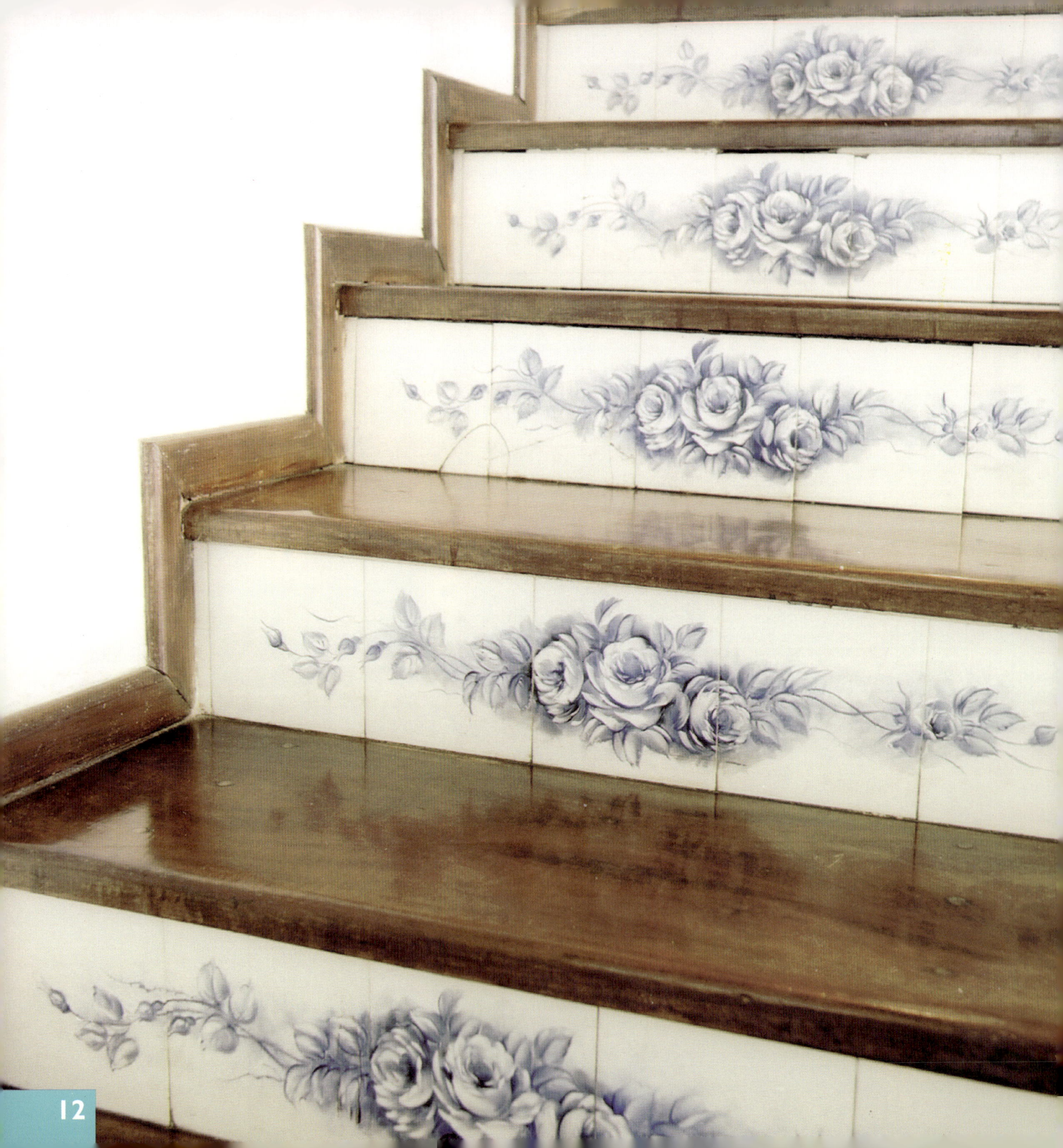

A CASA DOS DEZ MIL AZULEJOS

éramos uma família de quatro pessoas, muito unidas, morando numa linda e grande casa em declive, projetada por meus pais, onde foram colocados dez mil azulejos, pintados um a um. A parte superior era nossa residência e a inferior abrigava o atelier de minha mãe, que era uma oficina completa com fornos de cobre, porcelana, cerâmica e vidro, além do salão de snooker de meu pai. Hoje, após a ausência dele, a casa continua sendo o atelier de minha mãe, que se dedica inteiramente às suas pinturas e esculturas, e trabalha ativamente criando peças, inclusive para minha loja no Shopping Iguatemi, em São Paulo.

As minhas aventuras artísticas da infância me levaram espontaneamente à escolha da carreira na qual me realizei. Cursei arquitetura e artes plásticas na Pontifícia Universidade Católica de Campinas, e, depois de formada, freqüentei cursos de especialização no exterior, em Florença e Paris.

Ainda enquanto estudante de arquitetura, aproveitando as instalações do atelier de minha mãe, criei o curso Formas, que na época era o mais bem equipado de Campinas, com duas aulas semanais e duração de duas horas, destinado a adolescentes entre 13 e 17 anos de idade. Lecionei tempos mais tarde na escola pública Bento Quirino, para alunos do primeiro grau, no período noturno. Paralelamente, participei, com esculturas e pinturas, de salões de arte em cidades do interior paulista, e, apenas como hobby e diversão, fiz desfiles e fotos de moda. Todas essas atividades, mas em particular o curso Formas, que na época era o mais concorrido de Campinas, me permitiram, ainda muito jovem, conquistar a independência financeira.

Minha tese de formatura foi o projeto e a construção de uma casa de campo. Ao me formar, meu pai presenteou-me com um Puma conversível branco e um escritório de projetos de arquitetura, em Campinas, onde fiz meus primeiros ensaios na carreira. Daí, decidi buscar em São Paulo a experiência profissional de grandes nomes da arquitetura de interiores e decoração, como Ugo Di Pace e Sig Bergamin, entre outros, para aperfeiçoar e sedimentar o conhecimento acumulado até então.

Rumo à capital: meu primeiro emprego

Com a tese e os projetos embaixo do braço, saí de casa rumo à capital, com o firme propósito, e sem apresentação prévia, de conseguir uma colocação numa importante e respeitada empresa, e acabei chegando ao escritório de Ugo Di Pace.

Ele me recebeu muito atenciosamente, examinou meus trabalhos, e em seguida me entregou folhas de papel Canson para que eu desenhasse em perspectiva intuitiva, sentada em um canto da sala, os outros três ângulos do ambiente.

Naquela época não havia computação gráfica, os desenhos eram feitos à mão, com régua paralela, escala e outras ferramentas, mas como eu tinha uma parte de desenho bem desenvolvida e segura, fiz esse teste, que foi meu passaporte de ingresso para a equipe de Ugo, com quem trabalhei durante quatro anos, e, posso dizer, onde nasceu a profissional que sou hoje.

Meu dia de trabalho era dividido da seguinte forma: pela manhã, ia para o canteiro de obras, vestindo calça jeans, camisão, botas reforçadas, munida com todos os apetrechos de desenho, para anotar e estudar detalhes de lareiras, piscinas e outros acabamentos de mansões, e acompanhar e orientar o trabalho dos operários.

Durante a tarde, no escritório, como assistente, recebia e participava de reuniões com clientes, e fazia trabalhos externos, visitando fornecedores e marceneiros nos mais distantes bairros da cidade. No meu Puma branco, com o guia nas mãos, acabei por conhecer todos os cantos de São Paulo. É durante essa fase que começa o meu interesse por antiguidades.

Muito de tudo aquilo que sei sobre antiquariato, seja como reconhecer, analisar e avaliar

1984 escritório Ugo

uma peça de época, aprendi junto a Ugo Di Pace, que me despertou para o Velho Mundo, para a riqueza de sua história e o legado de tantas criações e estilos. Esse conhecimento faz de todo profissional da arte da decoração um garimpeiro em busca de tesouros que marcam com beleza, ousadia e bom gosto a cultura de outras épocas, e jamais perdem o fascínio.

Meu movimento seguinte, dentro de um período que considero a solidificação de meu processo de aprendizado, foi o ingresso na equipe de Sig Bergamin, com quem trabalhei por um ano e meio no escritório da Alameda Gabriel Monteiro da Silva.

Estava em moda naquela época o mobiliário "pé de palito", um estilo pelo qual Sig Bergamin tem grande interesse e pesquisa até hoje.

Logo de manhã, antes das dez horas, encostava em frente ao escritório um caminhão-baú, repleto de móveis nesse estilo. Dentro do próprio caminhão começava a triagem de peças, que poderiam passar desapercebidas ao olhar comum, mas não escapavam ao crivo de Sig. Eram preciosidades, das quais se podiam extrair grandes idéias, ou antever o que um tecido bem escolhido poderia provocar numa velha poltrona ou cadeira abandonada. Um verdadeiro tesouro a ser resgatado. Ao deixarem o caminhão, as peças eram imediatamente encaminhadas para a restauração, e chegavam à loja completamente novas e maravilhosas, prontas para serem amadas e adquiridas.

Um dos problemas enfrentados na época era a escolha do material de forração. Não se podia mais utilizar peles naturais, pois o Ibama proibira, então recorríamos ao couro de vaca imitando zebra ou onça, e a muito material sintético, na tentativa de obter o resultado mais próximo possível do original. Este ano e meio em que trabalhei com SB me valeu muitíssimo no que se refere à pesquisa de novos materiais e à busca de opções para se realizar um projeto ou uma idéia. O que foi mais importante é que minha primeira filha, Veridiana, era ainda um bebê em fase de amamentação, e eu não precisei deixar de trabalhar, ou me afastar dela, pelo contrário, ela vinha comigo e eu a deixava num berçário perto do escritório; às seis e meia, quando o expediente terminava, corria até lá, colocava minha menina no moisés e íamos as duas felizes de volta para casa.

A partir daí, montei meu primeiro escritório, em forma de loft, num edifício da Rua Bela Cintra; o segundo foi nos fundos da minha própria casa, na Rua Suíça, e o terceiro, num sobrado da Rua Capitão Antônio Rosa, com um pequeno staff que compreendia

Escritório da Rua Cônego Eugênio Leite

uma assistente, um desenhista e um funcionário que assumia, segundo as necessidades, o papel de caseiro, copeiro e motorista.

Já estabelecida no meu primeiro escritório, tive a idéia de criar um curso chamado História do Mobiliário, que trata principalmente de história da arte e é ministrado por minha irmã, Silvia Barros de Held, que é doutora na área. Decidi criar esse curso porque havia uma grande carência no assunto; com o conhecimento adquirido nas aulas, as pessoas poderiam reconhecer o estilo e o período de um móvel ou objeto. História do Mobiliário destinava-se a senhoras de todas as idades e a estudantes de áreas afins, com duração de quatro tardes e carga horária de doze horas.

A nômade da decoração

Para torná-lo atraente e dinâmico, imaginei o espaço da sala de aula como um verdadeiro showroom de tudo o que há de bonito e interessante em decoração: poltronas de estilos variados, dos mais clássicos aos mais modernos, cadeiras de designers e recamiers do século XVIII. Com isso, consegui que todo esse mobiliário tivesse uma dupla função: servir como elemento de estudo para os alunos e ao mesmo tempo diverti-los, pois a cada aula podem escolher um assento escolar diferente, conhecer seu design e função e experimentar seu conforto. O ambiente da sala é também uma vitrine de tudo o que pode ser comercializado por nossa empresa, por isso, quando há interesse, as peças escolhidas são transportadas para a casa da potencial compradora, onde faço um ensaio que lhe permita visualizar concretamente o efeito daquilo que está adquirindo ou deseja adquirir. Do lucro obtido, uma parte é destinada a sociedades beneficentes e a outra para a criação de bolsas de estudo destinadas aos jovens interessados nesta área.

Durante dois anos fui uma espécie de nômade, viajando para dezenas de cidades do Brasil. Cheguei a manter uma conta-corrente com a transportadora Fink, da qual contratava caminhões-baú, que nós enchíamos com toda espécie de mobiliário, e eu mesma fazia questão de arrumar, auxiliada por meus funcionários. Antes disso, saía à procura de todo tipo de móvel diferente. Descobria uma antiga penteadeira e a transformava em lavabo, uma cômoda virava apoio de pia… Reciclava as peças, dando-lhes outras funções, criando móveis

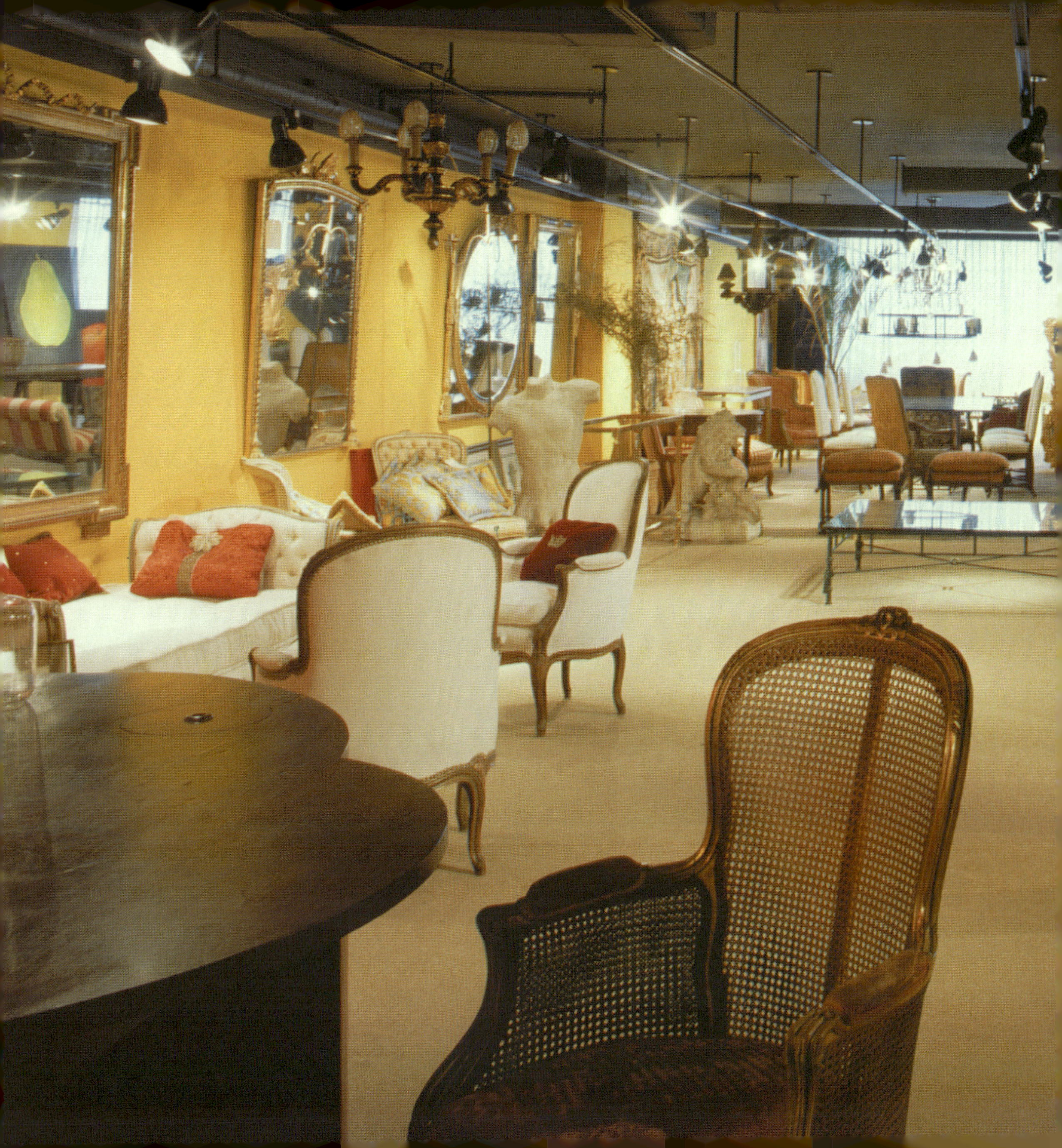

Espaço Bya Barros
Arte Antiguidade
Shopping Center Iguatemi São Paulo, 3.º piso

inusitados, que contribuíam para recriar e reavivar ambientes convencionais. Esse sistema de trabalho de levar para outras regiões do país o meu baú de idéias e novidades em decoração fez com que meu universo de clientes fosse se expandindo, e os convites para visitar outras cidades não paravam de chegar. A mostra itinerante consumia quatro dias, mas a montagem do evento exigia quase um mês de preparativos. Era um árduo trabalho de bastidores que previa a agenda com jornais, revistas, rádio e televisão de cada região, e a nossa chegada se tornava um grande acontecimento que agitava toda a cidade.

Conquistar espaços

Fui uma das primeiras pessoas a participar do programa *Flash*, de Amauri Jr., apresentando meu espaço na Sampaio Vidal, para começar a divulgar essas exposições itinerantes. Eu já o conhecia: ele é de uma cidade que eu visitava há sete anos, onde formei grande clientela. Dessa mesma cidade do interior paulista é meu grande amigo Sig Bergamin, conterrâneo de meu primeiro marido, que é da família Gottardi. Outras cidades incorporadas ao meu currículo são Campo Grande, Dourados, Presidente

BREVE EVOLUÇÃO D

1933
Cadeira 31
Designer: Alvar Aalto

1934
Cadeira Zig zag
Designer: Gerrit Rietveld

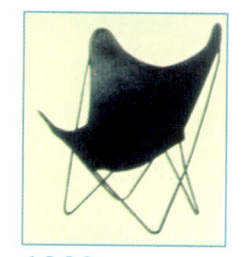

1938
Cadeira de J. F. Hardoy e A. Bonet

1958
Cadeira Cisne
Designer: A. Jacobsen

Prudente, Rondônia, onde eu fazia projetos para grandes propriedades. Costumo chamar esse período de minha "fase fazendeira". Dourados, Mato Grosso do Sul, projetei uma escola de educação infantil particular, com três pisos e a fachada toda colorida, onde cada cor representava um estágio do ensino. Quando o aluno chegava às portas da escola, podia identificar sua classe apenas pela cor; bastava seguir a trilha da mesma cor, que ele dava na sala de aula, sem o risco de se perder, nem a necessidade de a escola destacar alguém para acompanhar as crianças. Nesta época eu já tinha o meu segundo filho, Leopoldo, e contava com a presença e ajuda constante de minha mãe para cuidar das duas crianças, enquanto eu me ausentava a trabalho.

Muitos puseram em dúvida minha habilidade de tocar um negócio quando abri a primeira loja no Shopping Iguatemi, mas eu tinha coragem, conhecimento e experiência adquiridos durante anos de estudo e trabalho. Passados vinte anos, orgulho-me de dirigir quatro empresas: Antiguidades e Presentes; Bya Barros Pacotes; o Escritório de Arquitetura, com uma equipe que trabalha comigo há quinze anos, e finalmente o Espaço Bya Barros, um loft de 500 m², com uma variedade de objetos e peças antigas e modernas, e quadros contemporâneos que compõem o acervo da Galeria 1000.

CADEIRA

1958
Cadeira 682
Designer: Ch. Fames

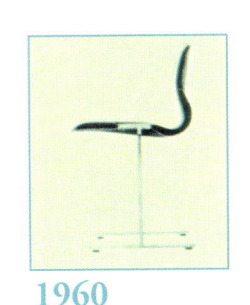

1960
Cadeira Trienal
Designer: A. Nurmesniemi

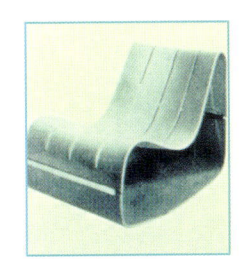

1968
Cadeira Fiorenza
Designer: Motomi Kawakami

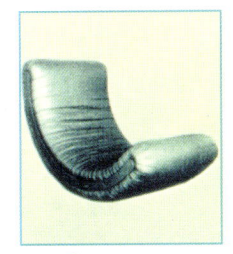

1969
Chaise-longue
Designer: J. Lafuente

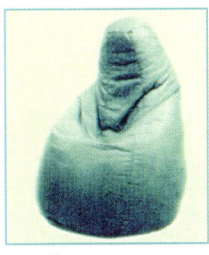

1969
Cadeira Saco
Designer: Gatti, Paolini, Teodoro

Imagens do Curso do Mobiliário criado pela professora doutora Silvia Barros de Held para o Espaço Bya Barros.

um dia com
Bya Barros

Outubro - Outubro

Segunda-feira, 16 de Outubro
Aniversário de JEFFERSON ABBUD

- edifício Ricardo / tecno-corporate
- unir Abbud / edifício
- vinhedo no / Clodomiro
  ITAIM
- 16:45 evento (Tutty) Rosi Verd:
  AMAZONIA
  Amoury Jr. / equipe

Terça-feira, 17 de Outubro
Aniversário de ERIKA JEREISSATI
11:00 Reunião no Colégio Veri - Al. Campinas, 1111

- ver coisa Alberto Jorge
- Bancos Fontes / conferência
- 16:30 projeto torre edifício
  FLATS MORUMBI
  DR. H Nogueira
  Lobby / Alameda Santos

Quarta-feira, 18 de Outubro
09:45 Projeto Áqua

11 visual (café Shopping) SCI
— assunto Campinas

Quinta-feira, 19 de Outubro
Aniversário de RENATA ALEOTTI
08:00 Miguelito

- 12:30 almoço Tieko Aoki
  e Jorge Nishimura
  Bluetree

→ reunir Colégio St Nicholas

Sexta-feira, 20 de Outubro
Aniversário de ANA CAROLINA (AFILHADA)
09:45 Projeto Áqua

ligar Deborah / morumbi
ligar Elizabeth / Real Parque

15:00h
— Grupo Accord

16:30h R. Luiz / F. Gaboy 4
arrumação final (quadros)
(irão D&D com cliente 18:30)
(SHOW PITA LEE)

20:00 PARIS →

Sábado, 21 de Outubro
Aniversário de DIANA JEREISSATI

Domingo, 22 de Outubro

MANTENDO A FLEUMA

meu dia começou pela ida a uma residência em final de obras depois de quase quatro anos de construção. O casal que já esteve envolvido nessa situação, que é a fase de acabamento, sabe o quanto é difícil manter a paciência e segurar uma relação harmoniosa e livre de atritos por tanto tempo, tendo que encarar todo tipo de problema que aparece, como fornecedores que não entregam o material no prazo marcado, os que decepcionam e não cumprem o combinado, os que desaparecem, enfim, os responsáveis e os irresponsáveis. E quem acaba arcando com todos os problemas é a dona da casa, que, mesmo sufocada pela família inteira e pela pressão da mudança, tem que administrar o caos, mantendo a calma e o bom humor.

Acabava de chegar de uma viagem corrida, de uma semana, para o exterior, e, mesmo muito cansada, reassumi imediatamente minhas obrigações em relação a essa obra, para não atrasar minha programação de trabalho e não prejudicar os planos dos proprietários.

Justamente naquele dia, de manhã bem cedo, o Palmeiras tinha acabado de perder para os ingleses o título de campeão mundial de futebol interclubes, em Tóquio. E o dono da casa era palmeirense fanático. Sabendo disso, e muito feliz por estar de volta às minhas atividades, decidi fazer uma brincadeira com o acontecimento. Vesti um terno cinza com um top verde, e coloquei uma jóia com um peridoto verde, e fui para a obra, com a idéia de mexer com ele. Apesar de não torcer para nenhum time, como brasileira, gostaria que o Palmeiras fosse o campeão. Ao chegar à obra, encontrei a pura imagem do torcedor desolado: barba por fazer, de fisionomia triste e contrariada e discutindo com todo mundo. Naquele tiroteio de queixas, eu também não fui poupada. Disse calmamente ao cliente que minhas pendências do dia já estavam resolvidas, e eu estava ali simplesmente para me despedir; é lógico que nem ousei tocar no nome do Palmeiras. Mesmo assim ele me chamou para um canto e fez um longo sermão, dizendo-se insatisfeito com algumas coisas do meu projeto, e que, a partir daquele momento, eu procurasse somente sua mulher para tudo o que tivesse de ser discutido, ou definido, pois ele não mais se envolveria com a obra até que ela terminasse.

O time do cliente

Ao tomar essa atitude, deixou a própria mulher em situação bastante difícil, pois era ela quem estava praticamente administrando tudo; mesmo assim deixei que ele desabafasse. Se não fosse minha experiência e profissionalismo, teria virado as costas e abandonado a obra, mas, respeitando os problemas dele e os meus — assim como respeito toda a minha equipe e os desafios que cada trabalho apresenta, pois não costumo deixar as coisas inacabadas —, fiquei firme. Minha empresa tem se caracterizado em ter casais como clientes, cada vez mais, e esta convivência com eles me ensinou a respeitar as diversas nuances de personalidade e os problemas do relacionamento cotidiano das famílias e a lidar com eles.

Mas ele prosseguiu, dizendo para eu me decidir pela melhor forma de continuar. Respondi que ele estava coberto de razão: eu entendia perfeitamente a situação. Disse até logo, dei bom-dia e me dirigi a sua mulher, que estava refugiada a um canto e quase chorava por presenciar a rispidez do marido. Discretamente disse-lhe que não se preocupasse, fazia parte do meu trabalho passar por momentos como aquele, e eu não a abandonaria até que o menor detalhe estivesse pronto. Continuaria a subir e a descer a rampa da obra de sua casa até que tudo terminasse, e terminasse bem.

Essa situação me causou um certo desconforto, e quase acaba com meu dia, mas, momentos depois, um amigo de profissão, para o qual costumo indicar muitas obras, convidou-me para um almoço no dia seguinte, quando me apresentou um pessoal excelente — um casal do interior que tinha um apartamento maravilhoso e enorme, em São Paulo. Fui escolhida para executar o projeto de decoração, pois me julgaram a profissional mais indicada para o trabalho.

Aceitei o convite e fiquei feliz por perceber que, às vezes, somos postos à prova, tendo que suportar situações desagradáveis, mas logo surge uma nova oportunidade que nos redime e coloca outra vez em sintonia com a vida. Nesse mesmo dia, no Espaço Bya Barros, no Shopping Iguatemi, reuni-me com vinte joalheiros para a realização de um evento, e consegui chegar na hora para a reunião e os últimos retoques.

No meu dia-a-dia não estou livre de outros problemas desagradáveis paralelos, como quadrilhas que falsificam ou rasuram cheques de clientes e outros aborrecimentos que, com presença de espírito e paciência, consigo resolver.

Essa jornada terminou com um casal entrando na loja para comprar de presente para uma criança um Papai Noel movido a pilha, que foi um sucesso de vendas no Natal de 1999. Mas, como as pilhas não vinham com o boneco, pedi a eles que fossem comprá-las numa loja ao lado, enquanto eu desfazia o pacote, para deixar o boneco pronto para funcionar quando a criança o recebesse. Como tenho dois filhos, sei que seria frustrante para qualquer criança abrir um presente e deparar com um brinquedo que não pode curtir.

Foi uma satisfação encerrar o dia com essa venda, que teve para mim um significado simbólico, pois percebi que depois de um dia tão difícil eu me permitia ter um carinho com uma criança que sequer conheço. Foi também, para os pais e para mim, um momento de descontração a divertida operação de desembrulha boneco, coloca pilha, embrulha boneco, para que o final da história, que aconteceria na Noite de Natal, acabasse em alegria e não em decepção.

Essa compra do Papai Noel serviu de gancho para uma última idéia de finalização do dia: mandei embrulhar outro boneco para presentear o palmeirense frustrado, para que, diariamente, ao olhar o rebolado do descolado Papai Noel, ele deixasse de lado toda a sua raiva e se lembrasse da decoradora. Então, fiquei aguardando a reação, que chegou em forma de agradecimento através da esposa: "Essa Bya é fogo! Muito sutil o presente..."

combinar elementos

O uso da cor, a escolha dos revestimentos, a combinação dos materiais e o acréscimo de uma textura a um ambiente requerem cuidado, atenção e estudo. Combinar elementos é uma arte, e brincar com eles é ter o domínio dessa técnica. Conhecer história da arte — dedicar-se a uma atividade plástica como desenho, pintura, escultura e modelagem — é o melhor caminho para adquirir fundamentos de estética e apurar o gosto.

dicas para espaços diferenciados

Requinte na Antiguidade

Para os egípcios, o Nilo era uma dádiva na qual eles se banhavam. Embelezavam o corpo com perfumes e usavam leitos sofisticados, protegidos por mosquiteiros. O leito de Salomão, em Israel, era esculpido em cedro-do-líbano, enquanto Odisseu, ou Ulisses, o personagem principal da *Odisséia*, de Homero, dormia numa cama decorativa, esculpida de um tronco de oliveira, com lençóis de linho. A maioria das camas e todos os seus pertences tinham que ser muito leves para poder ser transportados com facilidade.

Embora os egípcios tivessem conhecimento de hidráulica, ela era aplicada apenas na irrigação. Foi no Mediterrâneo, precisamente em Creta, que se fez a mais antiga conquista na área de engenharia hidráulica e sanitária. Ao construir o Palácio de Cnossos, por volta de 2000 a.C., o rei Minos instalou um engenhoso sistema de banheiros, pias e cisternas ligados por tubos de terracota, e por centenas de anos esses encanamentos não tiveram concorrentes, assim como a beleza de seus banhos e leitos.

UM AR TEATRAL NO LAVABO

Cocho de pedra com torneira em forget francês. O espelho dramático é folheado a ouro.

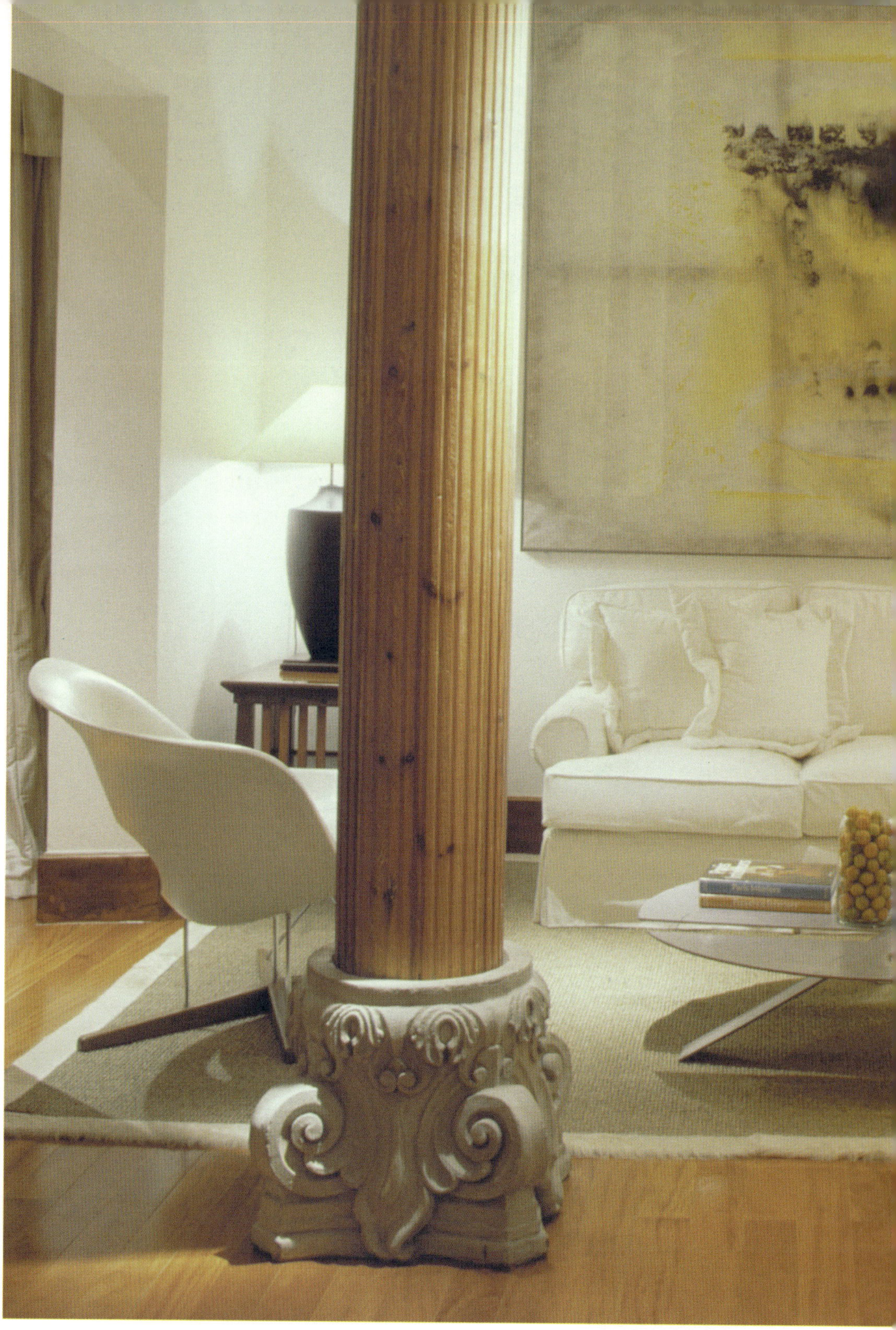

INVERTENDO PERSPECTIVAS

Neste ambiente em que convivem elementos antigos e materiais naturais, como o tapete de sizal, foram colocadas duas colunas de pinho-de-riga, que determinam o ambiente principal. O que mexe com as pessoas é a colocação do capitel invertido, feito em cimento antigo. Dessa forma, o elemento da Antiguidade passou a ser visto como contemporâneo, harmonizando-se perfeitamente com o décor.

PROTEÇÃO TOTAL

A Jacuzzi foi projetada abaixo do nível do terreno para barrar a força do vento. Nos degraus, a água escorre e refresca, pois o sol pode esquentá-la muito.

BARRANDO O VENTO

O quiosque de sapé em forma de pirâmide foi projetado com escadas e assentos escavados abaixo do nível do piso. Duas faces entre o sapé e a grama barram o vento, permitindo que as pessoas conversem tranqüilamente, protegidas por vidros.

A IMPORTÂNCIA DA COR

Quarto de casal, numa casa de campo.
Os tons de azul ajudam a relaxar
e dão mais alegria ao ambiente.

UM LOFT MUITO ESPECIAL

"O terraço do loft do colecionador de arte" foi composto para a Casa Cor 2000, mantendo todas as paredes já existentes, tombadas pelo Patrimônio Histórico. Fragmentos de gesso antigo foram pendurados de forma espacial.

DIFERENTE E HARMONIOSO

O tampo de vidro é montado sobre base feita com grades de ferro italianas. As poltronas de cabeceira diferem das demais, sem perder a harmonia e a elegância.

NEGATIVO E POSITIVO CRIAM REALCE

O hall de entrada em arlequim preto-e-branco é realçado com o desenho de cabouchon na escadaria.

As duas colunas de pinho-de-riga, com os capitéis em cimento antigo, invertidos, determinam o ambiente principal.

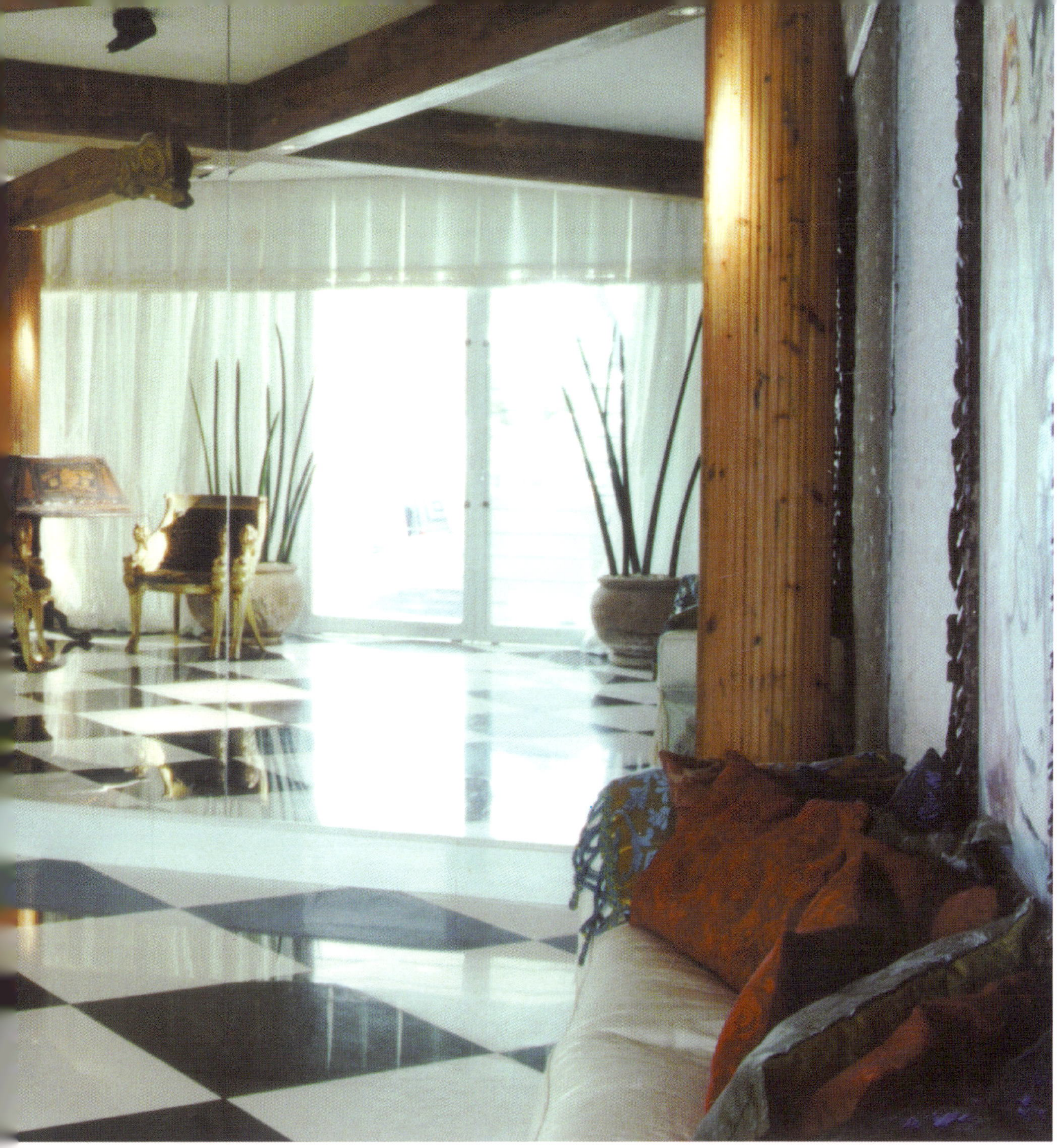

O CONTRASTE
Ao fundo, a secretária, ao lado do quadro de Peter Cherry.

O ACONCHEGO
Lareira em granito torna o ambiente ainda mais aconchegante.

O FUTURISMO
Duas cadeiras de design: a branca — Charles Eames, da Dotto Import — e a vermelha — Ardea, da Firma Casa — imprimem uma atmosfera futurista.

ESCULTURA ATÉ NA PAREDE

O sofá clássico convive, harmonioso, com os pufes em pele de vaca. A escultura de parede é um relevo em cobre de Luiz Hermano F. Farias

A OBRA DE ARTE DÁ O TOM
Na residência de um jovem divorciado, o living tem design contemporâneo. A cor do quadro determina a vibração do ambiente.

UMA COZINHA À MODA ANTIGA

Nesta cozinha de casa de campo, o piso "vermelhão" é emoldurado por azulejos portugueses, que também revestem o fogão a lenha, em contraste e harmonia com os modernos equipamentos Kitchens.

ossos do ofício

Roma antiga

A prosperidade e a paz no Império Romano promoveram o gosto pelo conforto e os prazeres da vida. A maior parte das casas romanas possuía um sofá, ou leito, para conversar, comer e beber durante o dia. Os leitos usados para dormir, mais planos, eram colocados em cubículos para haver mais privacidade. Nas cerimônias de casamento, o leito era o lugar onde se expunha toda a roupa de seda da casa. Os romanos dormiam com as roupas de baixo, e ao se levantarem vestiam-se rapidamente, colocando as túnicas por cima.

O banho era uma atividade matinal. E Roma ficou conhecida por suas famosas termas. As ricas vilas romanas possuíam termas particulares, com banheiras e quartos privativos, enquanto a maior parte das pessoas freqüentava os banhos públicos todas as manhãs. As maiores termas foram construídas na época dos imperadores Caracala e Diocleciano, com capacidade para milhares de banhistas. Algumas tinham fontes de água quente — como as termas de Bath, na Inglaterra —, outras mantinham fogo ardente sob o piso de terracota das piscinas, como as termas de Adriano. Os banhos eram locais de encontros sociais, com salas de jogos, livrarias, museus e até lojas.

UM APARTAMENTO FUNCIONAL

temos, entre nossos clientes, várias empresas às quais fazemos projetos de decoração de apartamentos, que hospedam executivos de outras cidades e de outros países também. O apartamento em questão fora decorado por nós há cerca de seis anos, e precisava sofrer uma reforma geral.

Logo que o projeto foi assinado, destacamos dois funcionários para fazer uma varredura no local e recolher todas as peças e objetos de uso pessoal, organizá-los em caixas e lacrá-las; em seguida a transportadora levaria tudo para o nosso depósito, onde ficaria até o término das obras. Os funcionários eram uma jovem assistente, no final do curso universitário, e seu auxiliar, um rapaz adventista muito discreto. Chegaram logo de manhã, e metodicamente, aposento por aposento, foram encaixotando tudo, até que, ao abrir as gavetas de uma cômoda do quarto, eles tomaram um grande susto. Eram três gavetas repletas de fitas de vídeo eróticas, estampando em suas capas as cenas mais grotescas. Depois do embaraço, emudecidos, encaixotaram todo o conteúdo das gavetas, acompanharam o carregamento e transporte da carga até o nosso depósito, e encerraram o expediente. No dia seguinte, a jovem, incrédula e chocada, narrou-me o episódio; o rapaz não teve coragem de se manifestar. Tive que recorrer a minha porção psicóloga para acalmá-la e fazê-la entender que o nosso trabalho não está livre dessas surpresas, pois acabamos entrando na intimidade das pessoas, e o que pode ser um desvio, para nós, é algo normal para outros, e não temos que entrar nesse mérito, ou fazer juízo moral. Somos contratados para executar um trabalho da melhor forma e o mais discretamente possível. Temos que encarar essas experiências como ossos do ofício, e uma boa dose de humor.

NÃO DÁ PRA ESQUECER

era um final de tarde de um dia muito atribulado, e eu estava atendendo um casal de clientes em minha sala, quando o marido pediu permissão para usar um toalete, que é praticamente exclusivo da clientela, sendo raramente usado pelo pessoal do escritório.

Ele se dirigiu para lá, enquanto eu e sua mulher continuamos a conversar. Minha assessora, desavisada, resolveu ir ao mesmo toalete; ao abrir a porta, que o cliente se esquecera de trancar, confrontou-se com a cena daquele homem, em pé, tranqüilamente se aliviando. Foi um grito só, uma situação onde não houve desculpas que apagassem o embaraço recíproco. Depois desse episódio, toda vez que eles chegavam, não tinha nem bom-dia, nem boa-tarde, aquela auxiliar sumia, e eu era obrigada a recorrer a uma outra assessora para atender o casal.

AQUELE ABRAÇO...

estávamos desenvolvendo o projeto de uma loja para um senhor que só podia ser atendido na hora do almoço, porque durante o dia seus horários eram completamente tomados. Assim, numa certa ocasião, enquanto o resto do pessoal saiu para almoçar, nosso projetista-chefe se prontificou a atendê-lo.

Para cada projeto em execução, mantemos um painel numa das paredes do escritório, para ser apresentado ao cliente. O projetista estava em pé, diante desse painel, expondo, todo entusiasmado, as idéias e o andamento dos trabalhos para o cliente, quando este, inesperadamente, coloca a mão sobre o seu ombro e continua a subir pelo pescoço até afagar-lhe os cabelos.

Perplexo e embaraçado, nosso funcionário se desvencilhou o mais sutilmente possível daquele arrocho, controlando-se para não reagir e criar um escândalo, interrompeu a exposição imediatamente e, dirigindo-se à porta de saída, convidou-o para tomar um café.

Com certeza o cliente percebeu sua atitude inconveniente e o ataque frustrado, pois tentou disfarçar o mal-estar, engoliu o café e se foi.

Até hoje, todos se lembram do episódio, e a vítima do assédio ainda sofre zombarias. Ele comenta que foi um dos momentos mais difíceis que já viveu: sua reação imediata poderia ter sido bastante áspera, mas teve frieza para não criar uma situação insustentável para si mesmo e para o próprio escritório.

UMA CASA INSUSPEITA

...como o sol, o espelho traz a luz da verdade. Na poesia, permite ver por trás das coisas...

era um espelho antigo deslumbrante, uma peça magnífica, de origem francesa, que eu tinha mandado trazer via Londres. Certo dia, recebo o telefonema de um senhor muito interessado em negociá-lo. Diz que é psicólogo formado, dirige uma empresa de trezentos funcionários, e é muito ocupado, por isso preferia viabilizar a transação por telefone. Como era de seu hábito, o pagamento seria à vista, por isso pediu um desconto considerável e que a peça fosse entregue em sua empresa, onde iria compor um determinado ambiente.

Ficou acertado que minha equipe seguiria para o local a fim de acompanhar a instalação, pois se tratava de uma peça grande e pesada, que exigia um cuidado especial.

Fiquei muito satisfeita com a realização do negócio, e prontamente destaquei um grupo, chefiado por uma supervisora, para a execução do trabalho, em um bairro elegante de São Paulo. Menos de uma hora depois, a supervisora telefona, meio aflita, dizendo que o ambiente da empresa era um tanto estranho e que ela decidira voltar para o escritório, enquanto os moços ficariam lá para finalizar a instalação.

Pouco tempo depois a moça chega toda assustada, contando que a tal empresa se dedicava a uma das profissões mais antigas da humanidade, e que aquele espelho magnífico estava destinado a refletir os atributos físicos e as qualidades performáticas de seus freqüentadores.

Depois da surpresa, acabamos rindo da situação, pois não é todo dia que nos deparamos com uma clientela dessa natureza. Mas a turma da colocação que ficou no local até o término do trabalho voltou toda feliz, com um sorriso no rosto e muitas histórias inspiradoras para contar.

MALHAÇÃO

fomos chamados para uma reunião, às dez horas da manhã, no apartamento de uma cliente. Na hora precisa, eu, juntamente com uma equipe de dez pessoas, incluindo pessoal de acabamento e marmoristas, estávamos lá.

O apartamento é gigantesco, e enquanto aguardávamos a chegada da proprietária, fui resolvendo tudo com o pessoal. Depois de meia hora, como ela não aparecesse, considerei-me liberada para outros compromissos. Minhas assistentes ficaram aguardando no local, e eu fui para a reunião seguinte.

Pouco tempo mais tarde, elas me telefonaram dizendo que a cliente havia chegado e estava adorando tudo o que estava sendo feito. É uma mulher muito ciosa com a aparência e o físico, e, para usar um termo muito em moda, adora malhar. Freqüenta, e tem verdadeira paixão por academias de ginástica, tanto que no futuro pretende ser dona de uma; o marido prometeu dar-lhe uma de presente e ela já solicitou os meus serviços para o projeto. Por isso, o lugar de sua maior atenção no apartamento não é a parte social, mas uma sala de massagem, bastante sofisticada, com equipamentos de ginástica e muitos armários, tendo no piso o belíssimo mármore Calacata Gold, italiano.

Ao chegar em casa, naquela manhã, veio acompanhada de seu personal trainer, que deveria ser alguém bastante íntimo. Por isso, e já que havia sido convidado a conhecer as obras do apartamento, ele se sentiu à vontade para dar sugestões em relação a esse espaço em particular, que ela prontamente acatou e pediu que fossem feitas. Diante disso, precisei redesenhar o ambiente para modificar certos detalhes, a fim de agradar a cliente e satisfazer seu treinador. Apesar dessa interferência, pacientemente resolvi atendê-la, porque sei o quanto aquele ambiente é vital para ela, e, também, porque as sugestões se limitaram ali, sem invadir a ambientação geral do apartamento.

A GAROTA DO PÔSTER

Um casal que vivia no Itaim — ele executivo, ela modelo — nos contratou para decorar seu apartamento. A cada visita ao escritório, a moça apresentava um visual completamente diferente: um dia surgia uma bela morena de cabelos bem curtinhos, outro, uma loura fatal, ostentando uma vasta e longa cabeleira. Isso no princípio nos deixou meio confusos, porque pensamos que ele fosse um casanova, desfilando a cada dia com uma nova beldade, mas na verdade se tratava de uma camaleoa.

O contato freqüente com os clientes faz com que nos habituemos aos diversos estilos e cria uma certa familiaridade com as pessoas; assim, no decorrer dos trabalhos, acabamos nos acostumando com as metamorfoses da jovem. O apartamento deles ficou belíssimo! Como é comum na área quando se reconhece um bom trabalho, as revistas especializadas pediram para fotografá-lo e publicar os ambientes como matéria de destaque. Estávamos tão satisfeitos com o resultado, que resolvemos atender a essa solicitação, antes de tudo por ter sido feita por uma conceituada revista de decoração brasileira, o que seria muito honroso para nós. Numa data combinada com o cliente, fomos, acompanhados pelo fotógrafo, fazer as fotos do apartamento. Ambiente por ambiente, tudo foi sendo registrado pela câmara até chegarmos ao escritório, que tinha ficado maravilhoso. Ao abrir a porta, fomos surpreendidos por uma visão inesperada: o cliente resolvera acrescentar um detalhe à nossa decoração, colocando um pôster gigantesco da namorada, nua e tentadora, na parede. Recuperados do choque, e como todos já estavam lá, o apartamento acabou sendo totalmente fotografado, mas a matéria nunca foi publicada, pois excluir a foto do escritório seria como um ato de censura; por outro lado, não podíamos pedir ao dono que retirasse o pôster. Como a decoração tinha que ser mostrada integralmente, a revista optou por descartá-la e nós perdemos a publicação.

Fim da história. Por esse simples detalhe perdemos a oportunidade de mostrar a um maior número de pessoas aquele nosso trabalho.

os dez
mandamentos

Inglaterra vitoriana

O elegante quarto vitoriano era entulhado de telas, espelhos e vasos de plantas. O urinol e o lavatório faziam parte do dormitório.
Foi nesse período, em 1860, que o colchão de molas foi inventado, trazendo conforto e alterando radicalmente os estrados e as cabeceiras das camas.
O puritanismo era tal, na época, que os livros eram separados nas prateleiras da estante pelo sexo do autor.
Será que pelo mesmo motivo as pernas dos pianos eram cobertas com saias de crinolina?
Mas o banho continuava a ser um capítulo à parte. Para o trabalhador vitoriano, lavar-se era uma espécie de batismo ao qual tinha que se submeter antes de melhorar sua condição social, sua mente e, finalmente, salvar sua alma.

1 NÃO USAR VELUDO EM CLIMA QUENTE.

2 NÃO USAR ILUMINAÇÃO DIRETA EM TODOS OS AMBIENTES DA CASA: ALÉM DE CAUSAR SENSAÇÃO DE DESCONFORTO, ENFEIA AS PESSOAS.

3 NÃO USAR ESTAMPADOS EXAGERADOS EM ESTOFADOS, MISTURADOS COM ALMOFADAS DIFERENTES: FICA OVER.

4 NÃO USAR CORES FORTES EM QUANTIDADE: DEIXA AS PESSOAS IRRITADAS.

5 NÃO USAR INCENSOS OU POUT-POURRIS FORTES: PODEM ESTRAGAR TODA A COMPOSIÇÃO DA DECORAÇÃO.

6 NÃO COLOCAR MUITOS TAPETES EM UM SÓ AMBIENTE: EMBARALHA A VISÃO GERAL DO ESPAÇO.

7 NÃO ESCOLHER CORTINAS CURTAS, NEM COM POUCO TECIDO.

8 NÃO COLOCAR QUADROS COMO SE FOSSEM REVESTIMENTO DE PAREDE: CHAME UM CURADOR E APRENDA O NOME DE TODOS OS ARTISTAS.

9 NÃO COMPRAR LAREIRA A GÁS. ANTES DE MANDAR CONSTRUIR UMA LAREIRA, VERIFIQUE SE FAZ FRIO SUFICIENTE PARA ISSO.

10 NÃO USAR PRATARIA SE NÃO TIVER ALGUÉM QUE A MANTENHA SEMPRE POLIDA.

reunir histórias

Durante a execução de um plano de decoração para um casal de clientes fiéis em Campo Grande, cujos filhos conheço desde pequeninos, tive que me hospedar na casa deles, ocupando o quarto do garoto do meio. Na época ele deveria ter uns nove anos de idade, e eu o via como uma criança pura e inocente, por isso me desconcertei ao deparar com uma pilha de revistas de mulheres nuas que faziam parte da sua coleção.

Esse episódio foi como um alerta para me fazer refletir o quanto o nosso trabalho invade espaços íntimos, mesmo quando se é convidado e benquisto.

O garoto é hoje um homem casado, que recentemente veio me visitar com a mulher e agradecer pelo presente de casamento. Não pude resistir, então, e contei para os dois aquele fato que por tanto tempo guardara só para mim. Ele ficou tão ruborizado como se voltasse a ter seus nove anos e, menino precoce, tivesse sido pego em flagrante no meio de sua coleção. Depois, recuperado da surpresa, riu muito ao saber que eu tinha conhecimento daquele detalhe particular de sua infância, que eu, ao contá-lo, lhe devolvia como lembrança.

68

entrando em territórios
íntimos

A modelo

É sempre gratificante quando pessoas famosas nos procuram para pedir uma orientação. Foi o que ocorreu com uma certa modelo bastante em evidência, que precisava de certas modificações na decoração de seu apartamento. Para preservar sua privacidade, nossa assistente fez com que ela subisse imediatamente para minha sala sem ser notada, inclusive pelo pessoal do escritório. Desnecessário dizer que em alguns minutos os funcionários já sabiam da presença daquele "mulherão", para ser bem específica, conhecida no Brasil e no exterior, e todos ficaram alvoroçados. Ela queria fumar, e como não havia nem isqueiro nem fósforos na minha sala, tivemos que recorrer ao projetista-chefe, que ficou felicíssimo por ter o privilégio de se encontrar com a estrela, provocando ciúme geral em seus colegas, que tiveram que se contentar com as impressões do seu relato.

CONFIDÊNCIAS DE MULHER

era um casal muito educado com o qual convivi por cerca de seis meses. Numa tarde, fui até a residência deles para que a mulher me explicasse como gostaria da configuração do quarto em função do uso que iria ter. Antes de qualquer outro assunto, ela praticamente abriu seu coração, contando um hábito particular do casal nos fins de semana.

Aos sábados ela tingia os cabelos e os pêlos do peito do marido e fazia também suas unhas dos pés e das mãos. Mas para a encarnação de manicure e pedicure tinha que envergar lingerie muito sexy, que revelasse todas as suas qualidades anatômicas. Essa representação tinha um efeito notável na qualidade da relação dos dois, e era a diversão predileta do casal. Era preciso que eu estivesse ciente desse hábito, para que todas as peças do mobiliário fossem estrategicamente colocadas, sem que o marido desconfiasse que eu dispunha daquela informação.

O quarto deveria ter uma poltrona confortável, uma banqueta de apoio para os pés e uma cadeira baixa, onde minha cliente se sentaria para as tais práticas do sábado.

Sabendo o que deveria enfatizar no aposento, criei um ambiente muito bonito e estimulante, que veio atender plenamente o desejo dos dois. A esposa ficou feliz em proporcionar ao marido um lugar ideal para suas representações, e ele, surpreso e agradecido pelo acerto do projeto.

Não é incomum termos acesso a esses detalhes, porque a mulher passa a me ver como um personagem neutro, e fica à vontade para se abrir, e essa confiança ajuda no processo de execução e aperfeiçoamento do projeto, pois quanto mais informações obtivermos, melhor será o resultado final do trabalho.

CONFIDÊNCIAS DE SOLTEIRO

era um homem solteiro, maduro, que vivia num apartamento de cobertura. Ao contratar o projeto, explicou-me que queria pilhas de almofadas arranjadas num canto do living, porque era ali que gostava de praticar sexo.

Podia começar em qualquer lugar, na cama, no sofá, no chão, mas o desfecho tinha que ocorrer nas almofadas do canto. Entendi perfeitamente a sua solicitação, e a decoração do living obedeceu àquele critério. Combinei almofadas de diversos tamanhos, com o recheio adequado para lhes dar maciez e consistência; coloquei ao lado uma luminária baixa, de estilo contemporâneo, para criar um nicho de relaxamento, que ficou totalmente integrado à elegante decoração, sem revelar a ninguém a sua função específica.

Toda casa tem os seus segredos. Cabe ao decorador saber lidar com eles...

CONFIDÊNCIAS DE CASAL

atendi, praticamente por um ano, um casal de uma cidade vizinha a São Paulo. Decorei para eles um apartamento dúplex maravilhoso, com muitos detalhes, pois foi feito junto com a construtora. Eles se adoram, vivem em muita harmonia, além de serem bastante divertidos.

Na busca por peças para o projeto, encontrei uma pia batismal, que funcionaria muito bem como champanheira, colocada ao lado da mesa, na sala de jantar, e pedi que eles fossem vê-la comigo. Tanto a minha cliente como o marido tinham um automóvel BMW, cada um de uma cor. Fui com a cliente em seu carro, na frente; como o marido tinha um compromisso depois, foi nos seguindo em seu carro. Durante o trajeto, ela me perguntou se eu já havia decidido como seria a mesa do hall de entrada; expliquei que estava pensando em compor uma, combinando uma base de ferro antigo, de origem italiana, que ficaria bem, tanto com tampo de mármore italiano, como de cristal. Sobre a mesa, apenas uma bela escultura e uma caixa para correspondência.

A cliente gostou da idéia e quis resolver naquele mesmo instante. Telefonou ao marido, pelo celular, para pedir a sua opinião sobre o console. E travaram o seguinte diálogo: "Alô, amor! Aqui quem fala é a tua querida". E contou-lhe a idéia. Ele respondeu que tudo bem, que o negócio estava fechado; pediu-lhe para me avisar que a mesa estava comprada. Então ela estendeu a conversa no maior romance.

Quando chegamos, eles se beijaram amorosamente. Depois, o rapaz me disse: "Bya, vai chegar uma hora em que vou ter que dar um tempo na decoração, porque o meu condicionamento físico não está sendo suficiente para agüentar tantos agradecimentos".

HENRI CARTIER BRESSON PHOTOGRAPHER
CHAGALL
MICHEL MAKARIUS
GUIDE TO ORIENTAL RUGS AND CARPETS

o apartamento
do homem solteiro

O senador

Tivemos a oportunidade de fazer um apartamento para um personagem da política nacional, que, pelo fato de viver entre duas capitais e ser muito ocupado, marcou o horário das 7:30 da noite para ser recebido em nosso escritório, a fim de definir a contratação do trabalho. As eleições tinham acabado, e ele fora eleito senador. Toda a minha equipe tinha votado nele, e fez questão de ficar e cumprimentá-lo pela vitória. Decidimos, então, preparar uma super happy hour como recepção. Quando o senador chegou, foi surpreendido por uma verdadeira festa, e nesse clima os trabalhos foram iniciados.

Era um projeto de decoração grandioso, que exigia constantes viagens aéreas para fora do estado, com as equipes se revezando num vaivém que, embora desgastante, foi encarado com muito entusiasmo e disposição por todos. Numa dessas viagens escalamos uma determinada assistente para acompanhar o andamento dos trabalhos; ela deveria viajar em companhia do senador, em seu avião particular. Aceitou a incumbência com muito orgulho e responsabilidade, mas quando estava tudo acertado a moça me telefonou chorando, dizendo que tivera um problema muito sério e teria que faltar à incumbência. O tal problema sério tinha sido um ataque de ciúmes de um rapaz que ela estava namorando, que a proibira de viajar no jatinho particular do senador, com a famosa imposição: ou a missão de trabalho, ou eu.

A RAZÃO MASCULINA

trata-se de um cliente de muita classe e educação, para o qual fiz o projeto total de seu apartamento; quando chegou na parte do lavabo social, resolvi me demorar um pouco mais para criar um espaço diferente, especial, que não caísse no lugar comum. Imaginei uma parede frontal toda espelhada, onde ficaria o vaso, e ao invés do lavatório convencional, esculpida em pedra, a cabeça de uma mulher, chumbada na parede, de cuja boca a água jorraria, caindo numa bacia de metal, ou cocho de pedra. As outras três paredes restantes eu pintaria de ocre leve, e o piso seria de mármore, com desenho de arlequim preto-e-branco, que funcionaria como uma extensão da escadaria.

Quando terminei minha exposição, o cliente, muito educadamente, disse que gostaria de fazer uma observação, e que eu não ficasse chateada, mas ele tinha que discordar da idéia. Explicou que, no caso da mulher, a posição assumida naquela atividade não traz problema algum, mas para o homem seria uma visão bem constrangedora ver-se refletido em tal prática, e que pelo menos na área do vaso o espelho estava vetado. Acabei concordando com ele em meio a risos, pois, no meu entusiasmo criativo, não havia me dado conta disso.

Apaguei tudo e parti para outra solução, que foi a de manter somente uma enorme faixa de espelho, do teto ao chão, arrematada com o mesmo mármore branco do piso; cravados na moldura, anéis de metal servindo de suporte para tubos de ensaio, e em cada um, uma rosa amarela natural. O cliente ficou muito contente com o resultado da nova proposta, que manteve a intenção de criar um lavabo original e interessante.

Uma enorme faixa de espelho, do teto ao chão, ajudou a criar um lavabo original e interessante.

ESPAÇO PARA DEVANEIO

Tempos depois, aquele meu primeiro devaneio criativo, que pareceu arrojado demais para um cliente, veio ao encontro das expectativas de um outro, também recém-separado, que começava a praticar o exercício da auto-estima.

Trata-se de uma pessoa que resolveu escrever um capítulo inteiramente novo na sua vida. Para isso, construiu uma casa nova, que não lembrasse em nada sua experiência anterior. Como ele queria tudo novo, não pôde deixar de fazer uma reforma no próprio visual: mergulhou num regime que o livrou de 30 quilos de excesso e começou a usar aparelho nos dentes.

Por esse motivo, quando mencionei a idéia de um lavabo todo espelhado, ele adotou imediatamente o projeto, não só para um, mas para todos os banheiros da casa.

Um pequeno incidente no processo de colocação dos espelhos deixou o fornecedor em desespero. Um dos cristais trincou e a alternativa seria substituí-lo, mas eu consegui salvar o desastre, chamando uma artista para pintar um botão de rosa estilo art-déco sobre o trincado, que ficou camuflado de forma perfeita e delicada. Sugeri a meu cliente que visse aquela rosa como símbolo daquele momento glorioso de sua vida.

É minha intenção fazer dessa casa um resumo de conforto, beleza e praticidade, com pinceladas mais ousadas. Assim, o banheiro vai ter banheira dupla com teto translúcido para ver a lua e o sol; a piscina é aquecida, tem raia dupla e barra para hidroginástica; há cascatas que caem diretamente nas águas da piscina, capitéis de pedra com candelabros encravados e recantos para aperitivos com mesas "pubs".

E o cliente, então, decidiu escrever um capítulo inteiramente novo em sua vida.

TRABALHO POLIVALENTE

na galeria dos meus clientes recém-separados há um jovem construtor muito inteligente e bem-sucedido, que alugou uma casa por dois anos, enquanto eu decorava seu novo apartamento.

Esse tipo de pessoa exige de nossa parte uma atuação polivalente, já que, por viver sozinho, acabamos cumprindo funções que a mulher costuma assumir em relação a pequenos detalhes, como a escolha dos acessórios básicos de uma casa. É aquele tipo de projeto onde cuidamos até da colherinha de café.

Por isso é comum as empregadas da casa me pedirem socorro para comprar alguns utensílios básicos que acabam faltando, para servir frutas e saladas, por exemplo, que sejam práticos e bonitos e valorizem a apresentação de um prato. Elas funcionam como minhas assistentes de terceiro escalão, pois no dia-a-dia vão detectando todos esses detalhes, que eu acabo solucionando rapidamente antes de chegar aos ouvidos do patrão.

Quando é preciso cuidar dos acessórios de casa, apresento três opções de lojas: uma na linha prática e moderna, como a Tok Stok, e duas mais sofisticadas, porque é bom ter, por exemplo, apenas um aparelho de jantar, mas de excelente qualidade e com muitas peças, pois em geral meus clientes têm um círculo amplo de amizades e gostam de receber grandes grupos para almoços e jantares.

Outro aspecto importante é a escolha de um bom equipamento de som com tecnologia avançada.

Para o período de escolha e compra de equipamentos, procuro escalar assistentes que tenham empatia com o cliente, e, comandadas por mim, saímos a cada dois dias da semana, nos finais da tarde, para visitar todas as boas lojas da cidade.

Além de aconchegante, a casa do homem solteiro tem que ser muito prática e funcional.

80

objetos
de desejo

Dressed to kill

Certa vez uma senhora nos telefonou, e, com muita antecedência, marcou uma hora para vir contratar um projeto. Na data e hora escolhidas, toda a equipe reunida, ela chegou *dressed to kill*, envergando um par de óculos escuros enormes. Jogou-se sobre uma cadeira, levou as mãos à testa e confessou que não tinha a menor condição de ficar para o compromisso, pois passara a noite toda bebendo champanhe e estava morrendo de enxaqueca. Ficamos à sua volta ouvindo a interminável narrativa da noitada, e, diante disso, desmarcamos a reunião e escolhemos uma nova data para a visita. Mas restou a suspeita de que o que ela realmente buscava era uma platéia, e acabou escolhendo o pessoal do escritório para apresentar seu show. O mais fácil e racional seria ter simplesmente telefonado, adiando o compromisso e liberando a equipe, mas talvez ela tivesse uma forte e secreta razão para nos contar sua história, e com isso deve ter se sentido mais feliz.

A BANHEIRA DUPLA

ter uma banheira dupla no banheiro — era este o sonho do casal para o qual fiz a reforma de um apartamento enorme, que levou oito meses para ser concluída.

Estava previsto, caso fosse encontrada a banheira ideal, fazer desse aposento um grande e charmoso camarim, com armário para perfumes, televisão suspensa e uma contrastante poltrona antiga de apoio.

Apesar do espaço razoável, a banheira teria que ser redonda e pequena, ou retangular e padrão, a fim de se tornar viável. A própria mulher achava impossível, pois comprometeria a área de circulação, e os vários engenheiros que olharam o local afirmaram que seria impraticável. Mas eu acreditava numa solução que atendesse o projeto. Fiz uma nova avaliação das medidas, quebrei alguns cantos, reposicionei a pia e acabei encontrando espaço para a banheira sem prejudicar a passagem. Quando dei a notícia de que teriam a sonhada banheira dupla, a alegria deles foi imensa. Costumo dizer para o meu pessoal que nós temos sempre que tentar de tudo para atender as exigências do cliente, e que não adianta dizer "acho que não vai dar", mas pôr a cabeça para trabalhar e descobrir soluções que se aproximem o máximo possível da expectativa de cada um, e satisfaçam nosso empenho criativo.

O banheiro ficou maravilhoso, com espaço disponível para tudo que havia sido planejado. No dia da inauguração, mandei de presente para o casal um kit completo de artigos de banho e um CD com músicas românticas, para que eles usufruíssem e comemorassem a realização desse sonho, que não é uma prática moderna, pois já na Antiguidade, o banho, além de seu caráter higiênico, era um evento para ser desfrutado.

Casanova tinha uma banheira portátil junto à cama, para duas pessoas.

PALCO ILUMINADO

minha cliente adora música, e é uma verdadeira artista ao piano. Toda a família, especialmente o marido, tem grande admiração por seu talento e é sua maior incentivadora.

Por isso, quando fui chamada para fazer a decoração da casa, uma das recomendações que ele me fez foi a de que o piano seria a peça principal do living. Realmente, tudo foi feito para que ele recebesse o lugar de destaque; foi colocado ao lado do bar, que tem belas e confortáveis cadeiras para criar um ambiente especial para se ouvir música. No início dos trabalhos, havia brincado com eles, dizendo que quando tudo estivesse pronto eu queria ganhar de presente uma audição exclusiva com a pianista. Eles adoraram a idéia, e meu pedido foi atendido. No final da tarde do dia em que o projeto foi encerrado, fomos para o bar do living, que já estava todo preparado com bebidas e salgadinhos. Minha cliente foi para o piano, enquanto eu e seu marido ocupávamos os lugares da assistência, e o concerto teve início. Foi um momento especial assistir a noite chegar ao som de lindas melodias, enquanto eu observava sem pressa o resultado de mais um trabalho. E pensei que é um verdadeiro privilégio poder testemunhar o momento em que todas aquelas idéias que você imaginou saem da prancheta e se concretizam em cenários que passam a ter vida ao abrigar os sonhos e as emoções das pessoas que vão neles atuar.

Dentro do quarto

O TUBARÃO

Quando um novo cliente marcou para irmos visitar as obras de sua casa, num bairro nobre de São Paulo, pois queria explicar pessoalmente e *in loco* uma idéia que gostaria muito de ver executada, chamei a minha equipe e fomos conhecer seus planos.

Chegando lá, ele foi logo mostrando o lugar onde seria a suíte principal, que era bem ampla, e me disse que gostaria muito que fosse colocada uma cortina gigante, cobrindo totalmente uma das paredes, do teto ao chão; essa cortina não se abriria para uma janela convencional, mas para um vão fechado por um espesso vidro blindado, formando um aquário, que daria vistas também para os jardins da casa. O aquário abrigaria seu animal de estimação, que no caso se tratava de um tubarão. Na parede oposta, queria colocar a cama de casal. Seu prazer seria, quando estivesse deitado na cama, abrir as cortinas e ficar contemplando as evoluções do tubarãozinho, dando um toque natural e selvagem ao aposento. Não sei se a experiência visual desta criatura dos mares dentro de um espaço tão íntimo seria a dois, ou sozinho, na penumbra do quarto, mas a verdade é que executamos o projeto com muito sucesso, do jeito que ele idealizara, e acredito que meu cliente deva estar muito feliz com o final da decoração, desfrutando de suas aventuras submarinas.

um inusitado animal de estimação.

LONELY HEART

acabei de decorar um apartamento para uma senhora de uns sessenta anos de idade, que depois de um casamento duradouro ficou viúva.

O projeto de decoração seguiu um estilo "mix" clássico-contemporâneo, que é a minha especialidade, e ficou extremamente bonito, com obras de arte de grande porte que ela colecionou ao longo da vida. É um apartamento com três suítes e ampla área social; apesar de morar sozinha, ela reservou uma suíte para hóspedes, e uma terceira, onde demonstrou um carinho e atenção especiais, destinada a um rapaz que lhe costuma fazer companhia nos fins de semana.

Ela adora sair, especialmente para dançar, por isso contratou os serviços desse moço que a acompanha nos programas mais diversos, como ir ao cinema, a jantares e exposições. Trata-se de um homem jovem, no final dos trinta, muito bem preparado e educado, além de excelente dançarino. Quando é requisitado para essas noitadas, vai diretamente para a residência dela, a fim de tomar banho e trocar de roupas, que ela compra e mantém para ele num closet dessa suíte, para serem usadas estritamente nas ocasiões em que saem juntos.

Desse contrato de negócio, que é puramente social, acabou brotando uma relação verdadeira de respeito e amizade entre os dois, e é difícil dizer se eles são namorados, ou se é a mãe conservada junto do filho. Isso a torna muito feliz, porque resolve seu problema de solidão, e ao rapaz também, porque além de bem remunerado, tem a chance de conviver com uma pessoa fina, inteligente e educada, dentro de uma situação muito clara, onde cada um faz sua parte, sem dever nada para ninguém.

Entendi a consideração da cliente por esse companheiro, e decorei sua suíte como se ele fosse um morador permanente, num estilo bem contemporâneo. Instalei um sofisticado aparelho de som e TV, com tela de cristal líquido, contornada por uma moldura antiga, para combinar com os quadros que adornam as paredes.

Para a suíte principal, desenhei um enorme closet para organizar tudo, e criei um recanto acolhedor, com mesinha e poltronas, onde ela possa tomar seu café da manhã e ler jornais, se quiser ficar até mais tarde na cama.

No living, abri espaço para uma minipista de danças, para que ela e seus amigos se divirtam quando se reunirem para jantar.

Minha cliente sabe usar muito bem todos os espaços da casa, e, assim, tudo foi bem aproveitado, inclusive a belíssima varanda que se tornou um agradável lugar para o café da manhã e a happy hour nos fins de tarde.

O apartamento ficou maravilhoso e particularmente alegre, traduzindo o estilo de vida e a personalidade desta senhora que encontrou uma fórmula para ser feliz, descartando a possibilidade de se recolher ao silêncio e ao isolamento.

> O novo cenário dá lugar a sonhos e a novas emoções.

88

descobrindo uma vida
saudável

Encontro frustrado

Uma cliente ligou, marcando horário para uma assistente nossa ir até o seu apartamento, a fim de tirar algumas medidas. Pontualmente, a moça chegou ao endereço e pediu para ser anunciada. O porteiro, então, interfonou para o apartamento da cliente, e voltou com a seguinte instrução: "A Dona Tal mandou avisar para você aguardar na calçada em frente ao prédio, porque ela está no banho". E, simplesmente, não permitiu que a moça entrasse ao menos no hall do edifício. Diante da inusitada recepção, imediatamente, ela caiu em prantos no meio da rua, humilhada, e nesse estado chegou ao escritório. Revoltada, disse-me que jamais voltaria àquela casa ou tornaria a falar com aquela cliente. Entendi perfeitamente as razões da funcionária, mas pedi que ela se acalmasse e refletisse, que talvez o porteiro não tivesse transmitido corretamente a instrução recebida, ou que a senhora podia estar num dia ruim, nervosa e de mau humor ou, argumento inquestionável — hoje existe um problema grave envolvendo a segurança das residências e as pessoas acabam por se tornar cautelosas e até indelicadas no trato com os outros. Ela fez um novo contato telefônico, e o projeto foi feito. Ao final, a cliente mostrou-se tão grata e satisfeita que fez questão de nos agradar com presentes maravilhosos. Certamente, no íntimo, ela se deu conta da sua deselegância, e deve ter imaginado o quanto foi difícil cumprir nossa função. Ao contrário, foi um desafio que nos deu chance de expor, com elegância e educação, o nosso profissionalismo.

A PSICÓLOGA

era um apartamento às vésperas da inauguração. Entrei no living, que estava praticamente terminado, sentei em uma das duas cadeiras francesas antigas, e disse para minha cliente, que é psicóloga e mulher especial, mas que só dispunha de tempo para trabalhar: "Está na hora de batermos duas palmas e pedirmos o chá, como duas ladys".

Ela me respondeu, rindo, que não tinha jeito para essas coisas, e eu insisti em que aquele seria um bom momento para começar a mudar de estilo, a fim de desfrutar de sua casa nova e se permitir momentos de descanso e prazer, sendo mimada pelas empregadas de extrema confiança que já estavam com ela há tantos anos. Essas palavras produziram grande efeito e fiquei feliz ao saber, mais tarde, que ela começou a trabalhar somente meio período, deixando a manhã livre para se cuidar. Contratou uma treinadora física para fazer ginástica junto com o marido, depois de se exercitar numa esteira que eu havia colocado numa das varandas laterais do apartamento. Com o término da decoração, a psicóloga passou a ter uma qualidade de vida muito superior, mudou seus hábitos, sem sacrificar a carreira, e desfruta hoje de um conforto merecido, depois de tantos anos dedicados somente à profissão, para a própria felicidade e da sua família.

Mudou seus hábitos, sem sacrificar a carreira.

O ATLETA

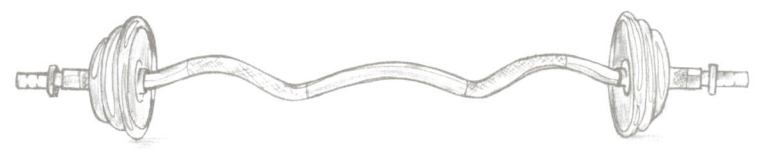

Um de meus clientes resolveu aprender a esquiar em Aspen, enquanto eu completava a decoração do seu apartamento.

Entusiasmado com o progresso das aulas, certo dia ele me ligou de lá, pedindo que eu comprasse a esteira rolante mais moderna, e a colocasse num dos cômodos do apartamento, que futuramente seria transformado em academia, mas que até então permanecia vazio, pois ele não se animava a fazer qualquer exercício. Tinha uma estrutura pesada, mas era um gordinho de bem consigo mesmo, e muito feliz. Os ares de Aspen, porém, quebraram sua resistência e ele decidiu emagrecer e modelar seu físico.

Na volta para casa, já encontrou a esteira instalada: era a melhor e a mais sofisticada que havia no mercado. Ao reencontrá-lo, eu me assustei: o rapaz estava bem mais magro, era quase outra pessoa, e a partir de sua chegada, superado o fuso horário, embarcou na esteira, passando a se exercitar por umas duas horas diárias, o que não deixava de ser perigoso, pois, do dia para a noite, um homem sedentário queria se transformar em atleta.

Não demorou muito para que sua mulher me telefonasse muito aflita e descontente pelo fato de eu ter comprado a tal esteira. Estava realmente preocupada com o emagrecimento repentino do marido e aquela obsessão pelo físico. A meu ver, havia também por parte dela uma ponta de ciúmes, pois ele estava tão feliz na casa nova, e vaidoso com os resultados dos exercícios, que não saía mais do seu ginásio particular, cada vez mais incrementado com a compra de novos aparelhos. Era a felicidade de uma criança diante do brinquedo novo. Não houve súplica que o fizesse desistir.

No final da história, a mulher resolveu juntar-se a ele, virou uma esportista e hoje formam um casal elegantíssimo, saudável e feliz.

BOA FORMA

a chegada de um produto para emagrecer acabou por redefinir não somente o perfil dos mais gordinhos, como facilitou a vida deles em relação aos projetos de decoração residenciais.

Dentro da febre Xenical que assolou o país, tivemos a oportunidade de trabalhar com clientes em plena fase de tratamento. Certa ocasião, um casal me telefonou para marcar uma reunião; em primeiro lugar queria se certificar se havia um toalete bem próximo à sala de reuniões, para o caso de uma necessidade urgentíssima. Respondemos que eles poderiam ficar sossegados em relação às nossas instalações, e que haveria um funcionário para conduzi-los ao recinto.

Há casos em que, para proporcionar conforto a clientes extragrandes, temos que projetar e encomendar, com reforço adicional e sob medida, cadeiras, poltronas e camas para acomodá-los. No que se refere a esse casal, graças ao surgimento do novo produto, eles ganharam, além de um corpo novo, livre de excessos, do qual podem se orgulhar, a chance de escolher, sem restrições, as peças de mobiliário de que mais gostam, sem o inconveniente de ter que encomendar móveis e esperar um longo prazo para terminar a decoração da sua casa.

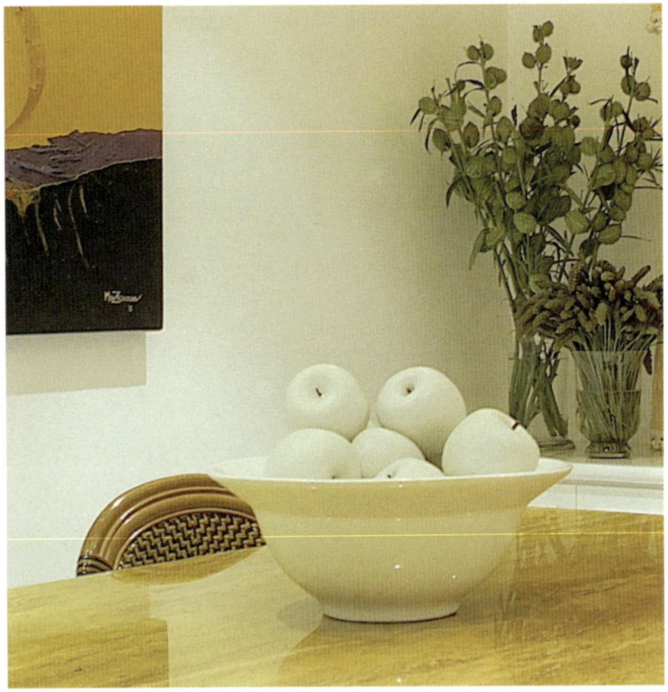

redescobrir a própria
casa

A longa jornada

Era um homem jovem e muito bonito, recém-separado, que nos contratou para fazer seu apartamento, num edifício em final de construção. Um certo dia, recebo uma visita não programada em minha loja de uma conhecida, querendo confirmar se eu estava fazendo a decoração para ele. Respondi afirmativamente, e ela continuou a me bombardear com uma série de perguntas, entre elas quando é que seria a próxima reunião, se o cliente estaria lá, etc. Achei o comportamento da moça bastante inconveniente, mas, como ela se apresentou como conhecida dele, ao me perguntar se poderia aparecer na obra, não tive como negar.
O edifício era bem alto, e o apartamento em questão ficava num dos últimos andares. Na data agendada, encontrei meu cliente na obra, tratamos de todos os detalhes da decoração e fomos embora, sem que a moça aparecesse.
Já nem me lembrava do fato, quando fiquei sabendo que ela tinha se produzido cuidadosamente para aquele encontro marcado unilateralmente. Ao chegar, essa nossa amiga esperou e esperou por um elevador que não veio; resolveu então subir a pé as escadas que levavam até o apartamento que ficava no 21.º andar, porque passava da hora. Finalmente, quando lá chegou, arfando, deu com o nariz na porta. Exausta, desalinhada e frustrada, ela teve que se recompor e fazer uma longa jornada de volta, descendo os 21 lances de escada, porque o elevador, mais uma vez, também não apareceu.
O que não faz uma mulher determinada a encontrar seu virtual príncipe encantado...

A CASA EM ALPHAVILLE

há dez anos um jovem casal vivia com o filho pequeno em uma casa em Alphaville. Apesar da arquitetura charmosa, era impessoal e sem aconchego, com apenas um esboço de decoração, sendo usada apenas para o trânsito dos proprietários, que nela entravam somente para dormir — era uma verdadeira casa-dormitório.

O menino de quatro anos era muito mimado; reinava pela casa toda sem parâmetros, uma vez que não havia ambientes definidos.

Sabendo que meu escritório presta serviço de assessoria na arrumação de residências, a moça me telefonou pedindo auxílio para dar um melhor aproveitamento à sua casa, a fim de receber amigos e clientes do marido, que é construtor.

Combinamos uma data, e fui visitá-la, para ter uma noção real dos problemas.

Pedi que ela colocasse num canto tudo de que mais gostava — móveis, tapetes, quadros, objetos e acessórios em geral —, e dois dias depois eu voltaria com alguns assessores para transformar a Gata Borralheira em Cinderela.

Contratei um caminhão-baú de tamanho médio e mandei carregá-lo com peças variadas: lustres, colunas, poltronas contemporâneas de diferentes designers e até um balde para champanhe colocado sobre pedestal antigo e adornado por anjos barrocos. Encomendei, numa floricultura, vasos de hortênsias cor-de-rosa e spray de ambiente.

Nosso trabalho começou às oito horas da manhã; às cinco da tarde tudo estava terminado, e nós fomos embora.

Às sete horas, recebo uma ligação da minha cliente, radiante e emocionada com a surpresa de chegar em casa e se deparar com um ambiente de sonho, invadido de cor e luz, perfume e música.

VIVER ALÉM DOS QUARTOS...

na decoração que fiz de alguns ambientes para uma casa nos arredores de São Paulo, estava trabalhando no living, quando percebi, avulsa num canto, uma mesa brasileira muito interessante, e descobri que ela ficaria perfeita para o que imaginara fazer.

Peguei a mesa e resolvi transformá-la em bar, com um arranjo de garrafas de bebidas de toda espécie.

Nas minhas pesquisas pela casa, descobri que minha cliente tinha guardado em um armário uma verdadeira coleção de chocolates importados. Pedi permissão para desembrulhá-los, arrumei-os em bandejas antigas de prata, e em outras bandejas dispus uma variedade de salgadinhos, potes com limões cortados e baldes de gelo. Enfim, quando o bar estava todo equipado, pronto para entrar em ação, chamei o mordomo da casa e pedi para ele gravar bem aquele visual e mantê-lo sempre daquele jeito, como à espera de alguém especial, no caso o seu patrão, que gostaria de chegar do trabalho e encontrar um canto bonito e convidativo para relaxar, conversar, ler ou ouvir música.

Completei a decoração do living com um sofisticado sistema de som e um aparelho de TV, com tela enorme, poltronas e cadeiras bem amplas e confortáveis, que permitem largar o corpo e esticar as pernas, e onde todos podem se reunir.

A família tinha criado o hábito de viver somente entre a sala de refeições e os quartos. Dando uma nova forma e sentido para o restante da casa, fiz com que eles abandonassem a reclusão de seus quartos e as reuniões na copa, o que é comum acontecer em muitas casas, e os orientei a usar a sala.

...é descobrir novos refúgios

ELEFANTE BRANCO

Uma cliente tinha verdadeiro pavor de um bar que seu marido mantinha em casa. Era um monstro enorme, todo em couro preto, que dominava a sala inteira; suas banquetas eram tão altas que a mulher, de estatura baixa, jamais conseguira escalá-las.

Um belo dia ele fez uma viagem e ela aproveitou sua ausência para chamar nossa equipe e decretar a remoção do bar. Concordei em atender seu pedido, mas quase pedi que fosse assinado um termo de responsabilidade, caso o marido pensasse questionar nosso escritório. Mas a predisposição dela era tão firme, alegando que o bar estava tomado por cupins, que acabamos por aceitar a encomenda. A remoção do móvel acabou revelando um espaço muito amplo, que nós transformamos numa grande sala de família, onde foi possível instalar um home-theater, com som, telão e cadeiras giratórias reclináveis, mudando de forma maravilhosamente radical e notável a antiga sala.

Quando o marido chegou, após vinte dias de viagem, teve uma grande surpresa, porque tudo estava feito e não havia o que discutir, mas ficou admirado pela coragem da mulher em se desfazer de uma peça que reinava ali por mais de dez anos. Com a desculpa do cupim ela sutilmente soube encontrar uma forma de neutralizar uma possível ira do marido, que embora fizesse questão de deixar bem claro que as mudanças paravam por aí, caso contrário ele é quem iria se remover de casa, aprovou completamente o resultado e a transformação daquela sala num ambiente de lazer agradável para toda a família.

é viver o "living"...

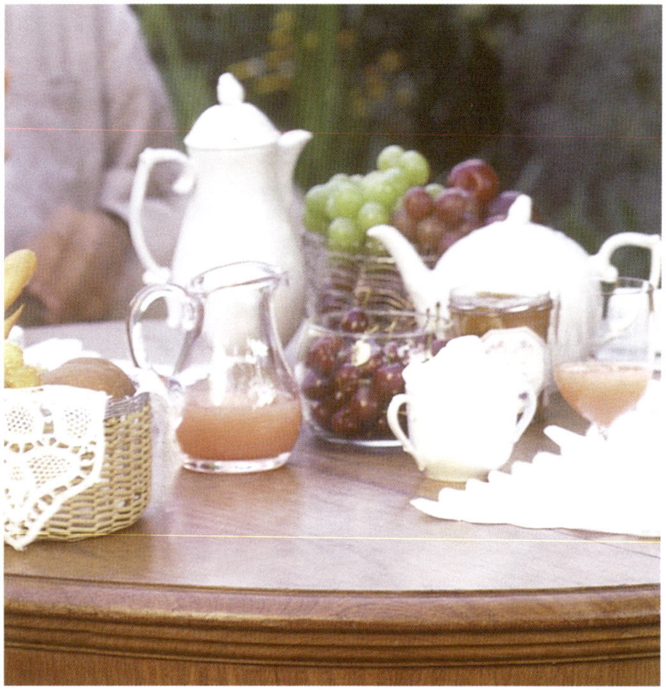

vida
em família

Retorno ao passado

Fomos chamados para estudar a reforma de uma grande casa no Morumbi. Como era um projeto grande, levei uma equipe composta de seis pessoas. No transcorrer da visita, um exército de criados se revezou para nos abastecer de água, café, sucos, refrigerantes, chocolates e salgadinhos. Ficamos lisonjeados por tanta atenção, embora nos tenha causado um certo estranhamento, pois tudo parecia muito artificial, como um espetáculo montado exclusivamente para nos impressionar e deixar um recado, de forma direta, de como era o modo de viver daquela família. A estratégia surtiu efeito, pois concluímos que a preocupação daquela cliente era enfatizar que, ainda hoje, é possível buscar inspiração nos velhos tempos, e manter uma criadagem de cerca de umas quinze pessoas, atenta a todas as ordens; e o que ela esperava de nós era um projeto que estivesse à altura do seu status.

OS ARMÊNIOS

Trabalhei no projeto de uma casa de armênios, no bairro do Pacaembu, em São Paulo, que me deu a oportunidade de conhecer e participar de um momento simbólico muito importante da cultura e tradição desse povo.

A casa tinha que estar pronta em uma determinada data, para uma grande festa que eles estavam preparando para o neto. Não era apenas uma festa, mas uma celebração, como eles me explicaram, de um evento especial. É costume, na tradição armênia, celebrar com uma grande festa, em que há muitas comidas e doces, o nascimento do primeiro dentinho de cada neto da família.

É uma comemoração grandiosa, cheia de significado, comparada a um rito de passagem, como ocorre em outras culturas. E de repente, eu me via, através de meu trabalho, no meio de todos esses preparativos, participando de toda a alegria e entusiasmo dessa família. Terminei essa tarefa trazendo comigo mais um aprendizado, além de uma gostosa lembrança e a amizade dessa família.

O primeiro dentinho é celebrado como um rito de passagem.

AS ADOLESCENTES

Um casal de Campinas. Os dois são médicos e têm três filhas mocinhas. Na primeira visita ao meu escritório eles vieram sozinhos, mas na seguinte trouxeram as meninas, para uma entrevista geral com a equipe; depois, cada uma delas conversaria separadamente comigo.

A mãe, prática e moderna, havia me contado que uma das garotas tinha um hábito que a preocupava, pois embora houvesse armários no quarto, a filha insistia em deixar toda a roupa bem dobrada, só que empilhada no chão, próxima da cama. Essa prática já vinha se arrastando por algum tempo, e com a casa nova ela queria acabar com isso. Ouvi a história, chamei a garota para conversar e, como quem não quer nada, pedi que me dissesse como imaginava seu novo quarto; que piso ela gostaria para que as pilhas de roupas que ficavam no chão não sofressem com a poeira e a exposição à claridade. Minha objetividade a deixou desarmada e meio sem jeito. Respondeu que o quarto de sua nova casa iria ficar bárbaro e que a fase das pilhas acabara; a partir de então, gostaria de ter armários com boas divisões para acomodar tudo. O aparente problema que a mãe acreditava não ter solução foi resolvido em poucas palavras. O que fiz foi apenas deixar a menina livre, sem impor minha opinião, tratando com indiferente naturalidade aquela mania, e ela, por si mesma, percebeu que precisava mudar.

A preocupação do pai era quanto à posição das janelas do escritório, para o qual eu fizera um projeto lindíssimo. Determinou que deveria ter suas janelas voltadas para o belíssimo jardim da casa, enquanto as filhas brigavam e queriam justamente o oposto, para que ele não fiscalizasse o namoro delas.

O SULTÃO

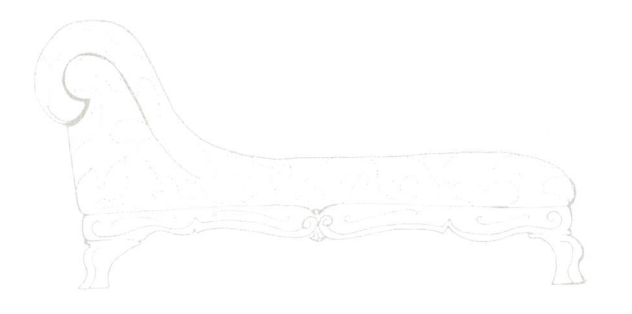

Um senhor muito elegante e simpático, nos seus 60 anos, contratou-me para decorar sua mansão no Morumbi. Chegou para a primeira reunião em meu escritório e, depois de uma conversa geral sobre as obras de acabamento, disse-me que no dia seguinte sua mulher me procuraria.

Tratava-se de uma mulher também muito elegante e discreta, que veio discutir a decoração de sua suíte. Logo após esta visita, o cliente tornou a me procurar avisando que uma outra senhora me visitaria, e meio sem jeito me informou que ela também vivia com ele. Recebi com naturalidade essa informação, e ela realmente veio. Era um pouco mais jovem que a predecessora, com as mesmas qualidades, e queria discutir os detalhes de acabamento da sua suíte comigo. No contato seguinte que tive com o cliente, ele foi direto ao assunto e me perguntou se eu alguma vez tinha feito uma casa para um sultão com três mulheres, pois eu teria que receber uma terceira personagem, que também dividia seu tempo com ele. Realmente, até então nunca tivera aquele tipo de experiência, e acabei achando a situação bastante inusitada e divertida. Quando a terceira mulher, que era mais jovem que as duas anteriores, chegou, veio acompanhada pela primeira, que a apresentou como amiga. O assunto, lógico, era discutir aspectos de decoração da sua suíte. Todas elas habitavam a mesma mansão, que já fora originalmente projetada com três suítes com salas, independentes entre si para cada mulher, e uma área comum para o uso de todas, composta de cozinha, sala de almoço, salas, salões, etc. O homem mantinha uma suíte privativa na mansão, com todo o conforto, e convivia com cada uma de suas senhoras quando escolhia e queria, sem ter que sair de casa.

RECOMEÇAR

Chegamos a um apartamento em Higienópolis, onde fomos recebidas por uma jovem morena, muito simpática e bonita. O apartamento dava a impressão de que a mudança estava para sair ou acabara de chegar, pois toda a mobília jazia encostada a um canto da sala.

A moça começou então a nos explicar que "ele", que eu não sabia se se tratava do marido ou namorado, tinha ido comprar umas coisas numa famosa loja de móveis, mas tinha feito tudo errado. As cadeiras não se encaixavam embaixo da mesa de jantar, o aparelho de televisão era enorme e não cabia na estante, e não havia como desfazer a compra ou trocar por outras peças. Em resumo, teriam que ficar com tudo aquilo e contavam com nossa experiência para dar uma solução.

Lamentando, ela esclareceu que "ele" tinha feito tudo às pressas, sem orientação e sem rever as medidas, porque estava muito afoito em montar o apartamento para que eles pudessem morar juntos o mais breve possível. Ele, em questão, acabara de se separar e trouxera consigo o filho de 15 anos do casamento anterior.

Para essa cliente, a prioridade era o quarto do menino. Queria que eu fizesse uma decoração especial, para que o garoto se sentisse feliz e à vontade na sua casa nova. Fomos então até aquele pequeno quarto para estudar uma boa solução, e eu pude notar, pela organização, que se tratava de um menino bastante ordeiro. Seus livros e CDs estavam cuidadosamente arrumados em cima da escrivaninha, e ao lado, encostada a uma das paredes, uma guitarra e o amplificador. Comentei a boa impressão que tivera, e a cliente realmente confirmou essa impressão, falando de seu gênio bom e excelente astral. Ela se preocupava pelo fato de o pai ter deixado a mulher com uma casa enorme e belíssima, cheia de conforto, com oito banheiros, e temia que o menino pudesse se ressentir ao mudar para um apartamento

ao mudar é bom se livrar do excedente, para liberar espaço para o novo.

pequeno, com apenas dois banheiros. Mas eu a acalmei, dizendo que ele iria trocar a quantidade pela qualidade, com o quarto que desenharia para ele.

Um dos três quartos tinha sido convertido em uma pequena academia com três ou quatro aparelhos básicos de ginástica, e o quarto mais amplo fora destinado ao casal. Nesse quarto, por falta de espaço, o marido queria que eu fizesse uma bancada de apoio atrás da cama, o que não seria problema. Mais complicado era o que a jovem tinha planejado: recobrir a parede da frente com um móvel, ou prateleira, para acomodar todos os sapatos, o que imediatamente descartei, explicando que não seria nada agradável dormir e acordar, todos os dias e todas as noites, dando de cara para uma sapateira.

Já que eles estavam iniciando uma nova vida, sugeri que seria bom se livrar de todos os excedentes, como roupas, sapatos, e toda sorte de coisas que vão sendo acumuladas durante anos e que a gente só percebe quando muda de casa. O exemplo era uma camiseta da Maratona de NY que ele guardara por não sei quantos anos, como suvenir de um momento que deveria ter sido especial nas lembranças do casamento anterior, mas que para a nova companheira era apenas uma camiseta velha, por isso seu destino foi o cesto do lixo. Os valores importantes para alguém numa união terminada deixam de ser de grande valia numa nova união, uma vez que se opte por outra pessoa, que certamente não está interessada naqueles objetos de recordação. E já que ele tivera a coragem de deixar a primeira mulher e partir para um novo romance, seria uma boa ocasião para fazer uma triagem do passado, dar uma verdadeira enxugada nos resquícios e ficar apenas com o necessário, ampliando não apenas os espaços físicos, mas também os emocionais.

108

o cliente
e seu animal de estimação

Uma vamp hollywoodiana

"Logo nos primórdios do cinema, os cineastas descobriram que cenas de amor dentro de um cenário sofisticado poderiam render muito lucro nas bilheterias... Produtores e diretores competiam para criar lugares extravagantes onde situar suas sedutoras estrelas ao natural: surgem então as vamps, nos leitos de 1930, com a potencial venda de lençóis de cetim."

Era um flat de alto padrão, prestes a ser inaugurado. Ao chegarmos lá, tivemos que aguardar nossa cliente por alguns instantes, na sala, o que criou certa expectativa. Nisso ela surge envolta num robe-de-chambre de seda pura estampada, com plumas na barra e nas mangas, calçando sapatilhas emplumadas, combinando com o robe, e com uma maquiagem mais adequada para a noite. Parecia uma cena de filme hollywoodiano da era das grandes vamps. Essa entrada cinematográfica nos levou a pensar que a decoração teria que obedecer, caso nossa impressão se confirmasse, à criação de um cenário baseado no requinte e na atmosfera imortalizados pelos filmes americanos dos anos 30 e 40. Surpreendentemente, nossa impressão não se concretizou, pois a decoração seguiu uma linha bem moderna e contemporânea — e até a cliente, no decorrer do projeto, foi experimentando uma mudança de estilo que a tornou mais jovem e despojada. Sem dúvida, seu novo hábitat conferiu-lhe a devida coragem para se livrar da antiga personagem e partir para outras experiências.

LULU DE MADAME

O cachorro é o símbolo da fidelidade, e em retribuição a esse sentimento encontramos vários exemplos de pessoas que cuidam desses animais e procuram lhes oferecer uma vida onde não falta amor ou requinte.

Estávamos decorando uma casa de campo bem distante de São Paulo, e nosso pessoal teve que fazer uma visita para conferir medidas e definir cores. Eles foram de carro, e depois de muitas horas de viagem, lá chegaram mortos de cansaço. Quando bateram à porta, a cliente apareceu e informou que teriam que aguardar, pois ela estava escovando os dentes de sua cachorra. Eles se entreolharam meio surpresos, mas perceberam que ela falava a sério, e não puderam fazer nada a não ser esperar que o cachorro terminasse sua higiene bucal. Depois de alguns minutos a senhora surgiu, carregando uma feliz e mimada cadela de dentes reluzentes, dizendo: "Agora sim, podemos conversar". Sentou-se a uma poltrona, com o bicho de estimação no colo, e passou o tempo todo da reunião dirigindo uma palavra para eles e duas para a sua querida e privilegiada companheira.

a cachorrinha ajudou na decisão do projeto.

GUARDA-ROUPA DE GRIFE

em outra ocasião, fomos visitar e conhecer as dependências de um amplo apartamento, de alto padrão, nos Jardins, que nos foi entregue para decorar.

Nesse processo de reconhecimento, notamos que nossa cliente nos mostrou tudo de modo superficial, e rapidamente nos levou para examinar um dos quartos de empregada, muito bom e espaçoso, com banheiro conjugado. Sua prioridade era a decoração desse quarto, que alojaria seu cachorro de estimação.

Assim, antes de qualquer ala do apartamento, nós nos concentramos nessa, que recebeu uma decoração exclusiva com uma caminha de repouso, outra para dormir, uma pequena poltrona e um vasto armário para guardar roupas de grife, como a charmosa capa de chuva Burbery's, coleiras e uma variedade de vasilhas e brinquedos. Com essa experiência, aprendemos tudo o que deve constar de um aposento e da vida de um cão VIP.

O cachorro que virou personagem de livro de contos.

MARCANDO TERRITÓRIO...

era uma casa de grande porte no Jardim Europa, onde as paredes de todos os banheiros seriam decoradas com pinturas à mão. Minha mãe, que além de pintora e escultora, é especialista na execução desta técnica, foi convidada para o trabalho.

Em alguns banheiros, usou pássaros como tema; em outros, flores. O resultado foi de grande plasticidade e delicadeza. A cliente quis, então, que minha mãe pintasse a casa de bonecas das suas filhas. A casinha tinha proporções quase reais, e para completar a pintura, cujo tema eram bonequinhas, foi necessário uma semana. A família possuía cachorros bastante dóceis, que se acostumaram com a presença de minha mãe e se afeiçoaram a ela. Num dia muito quente, quando a pintura estava quase terminando, minha mãe trabalhava sentada sob o sol, usando uma bermuda leve e confortável; estava muito compenetrada, quando um dos cachorros se aproximou, postou-se a seu lado, e levantando a pata, simplesmente fez um generoso xixi, marcando seu território na perna desnuda de minha mãe. Foi um episódio tão cômico e inusitado, que hoje faz parte de um livro de contos escrito por ela.

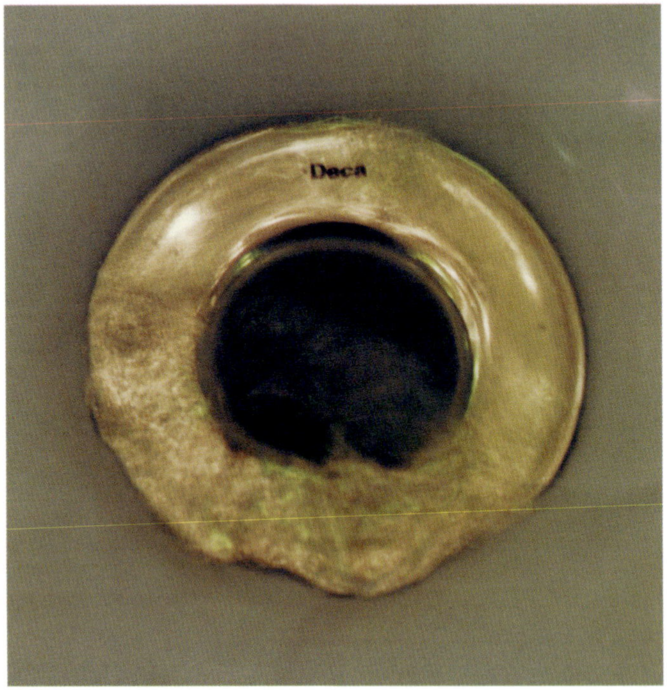
Deca

o círculo da vida

A consumista

Outra personagem chegou às seis da tarde querendo ser recebida, e nós estendemos nosso horário para atendê-la. Da loja, ela ligou para uma das butiques mais elegantes de São Paulo, que também já encerrava seu expediente, e informou que se tratava de Madame Tal, que estava chegando dentro de alguns instantes e queria encontrar as portas abertas; caso ela perdesse a viagem, a butique teria problemas, porque a senhora estava indo para lá com a intenção de gastar muito. Voltando-se para o marido e ignorando o mundo, intimou: "Meu bem, hoje eu quero comprar, caso contrário corro o risco de entrar em depressão". O marido, calmamente, como se isso fosse uma ocorrência rotineira, chamou uma das minhas assistentes e pediu que ela descobrisse o que a mulher gostaria de escolher na loja — uma escultura ou uma bela mesa — e cumprisse o seu desejo.
E com isso encerrou o assunto.

SEVEN YEAR ITCH

Por trabalhar para muitos casais, principalmente com filhos, pude notar que de sete em sete anos os espaços de uma moradia têm que ser redefinidos, para atender as transformações naturais de seus ocupantes.

Ao comentar isso com um casal que me procurou, eles ficaram surpresos, pois disseram que eu acabava de descrever a situação que eles viviam no momento. Estavam casados há catorze anos, e o filho mais novo acabara de completar sete. Eu lhes disse que minha teoria era bem simples. Quando um casal inicia sua vida, os espaços são orientados para pessoas adultas e realizadas, que, mesmo com a expectativa de ter filhos, querem uma casa de jovens, para receber os amigos e curtir uma vida a dois. Quando nasce o primeiro filho, o cenário inicial tem que ser alterado, até o momento em que a criança vai para a escola e vão surgindo os coleguinhas, e assim por diante. Segue-se a fase da adolescência, o namoro e o casamento, quando o filho sai de casa, e os pais fecham o círculo, voltando para a situação inicial, que era a de um casal adulto, mas agora amadurecido e pronto para reiniciar uma vida a dois.

7 e 7 são 14, com mais 7: 21

UM ENDEREÇO, DUAS HISTÓRIAS

Pela manhã, meus clientes chegaram. Sempre haviam morado em casa, esta seria a primeira experiência num prédio de apartamentos. Estavam casados há trinta anos, viajavam muito para o exterior, e como os filhos estavam se casando, resolveram adotar um novo estilo de viver, mudando-se para um apartamento dúplex, que tinham acabado de comprar, num bairro tranqüilo da cidade.

O marido queria os quartos no andar de baixo, e na parte de cima o living, pois, como me disse: "Não quero ninguém sapateando sobre nossas cabeças". A esposa é uma senhora elegante e sofisticada, mas bastante simples, e os dois esperam que este novo espaço seja muito especial para a nova realidade que passam a viver.

Propus, então, já que eles iam morar sozinhos, colocar no living, encostada a uma das paredes, uma banheira Jacuzzi com hidromassagem, afundada no piso, e transformar essa banheira numa fontana italiana, com água jorrando da parede para se derramar na fonte. E fui mais longe ainda: descrevi uma cena dos dois imersos nas águas daquela fonte, ouvindo música e tomando champanha no final da tarde. O marido se encantou com a idéia e fechou o projeto, e a esposa gostou ainda mais daquele detalhe, que iria trazer mais romance e sensualidade à sua vida, agora que eles podem retomar o namoro.

No final da tarde desse mesmo dia, chega outro casal jovem, iniciando uma família. Trouxeram a planta do apartamento que haviam comprado para eu examinar, e qual não foi minha surpresa ao descobrir que era o mesmo edifício dos meus clientes da manhã, pois na imensidão de São Paulo é muita coincidência receber num mesmo dia dois clientes que serão

Coincidências que fazem diferenças.

vizinhos, representando dois estágios diferentes de vida de uma família. Um está abrindo, o outro, fechando o círculo dessa vivência. O casal jovem vai morar no primeiro andar. Os dois trabalham fora e têm um casal de filhos pequenos.

Enquanto discutíamos todo o projeto, para deixar a reunião mais descontraída comentei que, para espantar o mau-olhado, poderíamos colocar um grande espelho no hall de entrada. Mas o rapaz, muito seriamente, respondeu que na vida deles não havia essa espécie de temor, e que eles costumam resolver isso com cinco letras, que eu deduzi ser Jesus, e os dois prontamente concordaram. Então, o rapaz começou a contar de maneira muito franca que é dono de uma rede de escolas de inglês, e atingiu um estágio de conforto e riqueza na vida com muita dedicação, trabalho e determinação. Disse que era órfão de pais vivos, e sua mulher só tinha a mãe, que mora numa cidade próxima a São Paulo.

Por essa razão, a família tem para eles extrema importância. Assim, quando resolveram se casar, decidiram que seria para sempre, e foi dentro desse espírito que eles pretendiam que eu fizesse este novo apartamento. Como se fosse para sempre, refletindo todas as necessidades de conforto de uma família de quatro pessoas, vivendo com total confiança e harmonia. Comentou que talvez um dia eles pudessem se mudar para um outro lugar, mas no momento aquela casa tinha que preencher essa filosofia de vida.

A postura determinada do casal me impressionou, porque não é comum hoje encontrar pessoas tão firmes em relação a seus planos de vida. Em geral, há muito receio e insegurança em relação ao amanhã, e acredito que somente a fé em Deus, que ficou claramente exposta por eles, pode criar essa confiança, que, confesso, me contagiou.

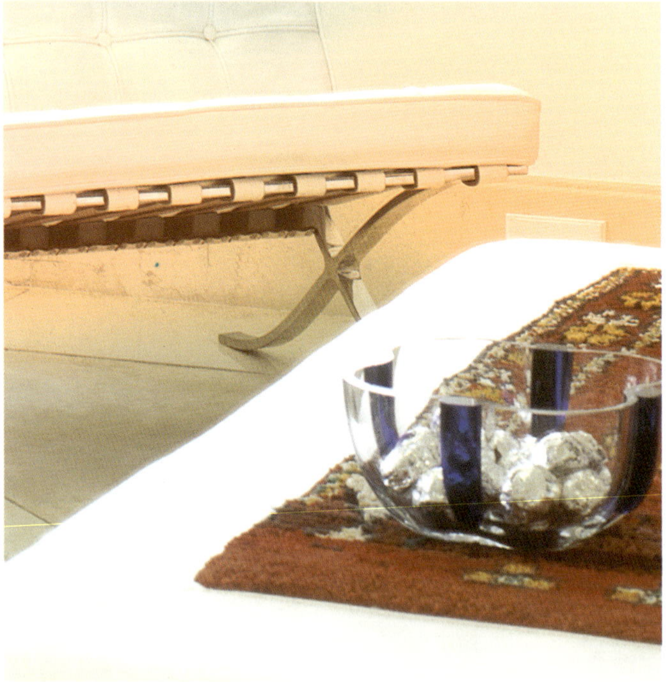

savoir-vivre

Uma história de cinema

Um homem com três mulheres, todos vivendo na mesma casa, em grande harmonia. Minha função era adaptar os espaços da casa, mudando um pouco os acabamentos. Para cada mulher, desenhei um apartamento diferente, de acordo com a personalidade. Na mansão havia uma enorme piscina interna, de uso comum, que resolvi transformar numa sauna inspirada nas termas romanas de Baden Baden, com um tratamento bem clássico: teto transparente de vidro e chaises-longues voltadas para a piscina aquecida. O projeto inteiro da mansão teve uma linha clássica, com toques bem modernos, para abrigar aquela família feliz e incomum, que vive em nossa eclética cidade.
Foi um trabalho bem original e divertido, pois a gente pensa que isso só acontece em filmes ou livros de história.

(*Lanternas vermelhas*, um filme recente, retrata uma composição familiar dessa natureza, comum na China do passado.)

VIVER COM POUCO

Uma senhora que teve acesso ao nosso trabalho através de matérias de jornais gostou tanto que acabou nos procurando. Era uma pessoa de posses modestas, que tinha acabado de realizar um projeto há muito sonhado: a compra de um apartamento no seu bairro preferido.

Embora pequeno, apenas um quarto-e-sala, era muito charmoso, e quando ela, pessoalmente, começou a mobiliá-lo, percebeu que tinha cometido um erro primário ao adquirir um sofá, maravilhoso, mas que não cabia na sala.

Por isso resolveu deixar a decoração do apartamento para um profissional, mesmo que isso custasse mais. Quando contou ao seu círculo de amigos e parentes a decisão tomada, viu-se objeto da gozação de todos, que diziam ser muita pretensão e esnobismo de sua parte usar um decorador, pois seu orçamento não lhe permitiria tal luxo. Como contra-argumento, ela explicou que era justamente por dispor de um orçamento limitado que o mais racional e econômico seria recorrer a quem entendesse do assunto.

Seu projeto era o de morar por muitos anos ali, e não iria se permitir cometer outros enganos, por isso já havia destinado uma verba para a decoração. Mesmo que levasse muito tempo, ela decidiu agir da forma que eu a orientasse. E assim fez.

Considerei a postura dessa senhora muito inteligente e esclarecida, demonstrando compreender porque o profissional é necessário nessas horas. Passei a admirá-la, pois há muita gente com disponibilidade financeira que não possui tanta objetividade e senso prático. Fiz seu apartamento com grande satisfação e com o menor custo possível, sacrificando nosso lucro material, mas recebendo em dobro pela satisfação de criar um espaço bonito, contemporâneo e de acordo com o status da sua moradora.

Nem sempre para morar na casa de seus sonhos é preciso ter que gastar o que não se tem.

VIVER COM MUITO

há clientes que gostam de mesclar móveis e objetos na decoração, e compram uma parte deles no exterior. No Brasil encontra-se uma diversidade de peças de grande qualidade, bom gosto e originalidade, mas, se a pessoa tem vontade e condições, é totalmente compreensível que ela busque, dentro de um universo mais amplo, e além do nosso mercado, peças de outras marcas e design.

Para o decorador não há nenhum problema em encontrar e comprar quase que 100 por cento de tudo o que ele precisa nas indústrias e lojas nacionais, e realizar um belo trabalho, mas há pessoas que são curiosas e gostam de aproveitar o momento da decoração para fazer viagens que unem o útil ao lazer.

A cidade principal e preferida para minhas compras é Nova Iorque, além de Londres, que costumo sugerir a clientes com um determinado perfil, mas Miami tem também seus encantos.

Recentemente, para o projeto de um apartamento em São Paulo, minha cliente mostrou preferência por Miami, e eu respeitei sua escolha.

Programo essas viagens como cursos de decoração: antes de partirmos, dou aulas de conhecimento básico para que a pessoa fique informada de tudo o que vai ver. É uma forma de aprender a viver em outro estilo e um instrumento para que ela decida conscientemente sobre o que pretende comprar. As visitas às lojas tornam-se então mais objetivas e proveitosas, tanto para mim, como profissional, como para o cliente.

Estabeleço condições básicas para trabalhar: vôo em classe executiva, hospedagem em hotéis de categoria e facilidade de locomoção. Preciso me deslocar com rapidez, pois se tratam de viagens muito curtas, em que o tempo tem que ser bem utilizado.

Só o dinheiro não constrói uma bela casa. Ele ajuda, e como, mas sem orientação você pode criar um monstro.

Esta viagem de três dias que fiz com minha cliente, no caso uma jovem na casa dos trinta anos, foi extremamente produtiva e agradável, pois tive todas as condições necessárias para desenvolver meu projeto com tranqüilidade. Foram dois dias de andanças para selecionar tudo, e um para fechar os negócios.

Desde o momento em que deixei minha casa com destino ao aeroporto, percebi o cuidado dela e do marido a fim de me proporcionar a melhor infra-estrutura possível para o bom desempenho do trabalho, e eu encaro esse cuidado como prova de grande respeito com o profissional.

Durante a viagem, pude descortinar um mundo inesgotável de idéias e informações para essa moça, que admiro pelo fato de ser uma pessoa bastante autêntica, esperta e observadora, disposta a aprender. Ela conhece suas limitações e não tem vergonha de admiti-las. Sabe que precisa de conteúdo para atingir suas metas, por isso cuida para não errar, e está crescendo culturalmente e como indivíduo. Fiz questão de lhe apresentar o que há de mais arrojado em termos de design de hotéis, assim como as peças do mobiliário de grandes nomes como Philippe Starck, Eames, Vico Magistretti e Capellini, reconhecidos mundialmente, e que vão estar presentes no projeto do seu apartamento.

Além disso, é uma pessoa com ótima posição financeira, e não se inibe em destinar o muito de que dispõe para construir uma vida em que predomine o máximo em qualidade e beleza. Com isso, toda a minha programação está sendo seguida fielmente, da forma em que foi desenhada, e nada faltará para que o seu apartamento se torne uma das residências mais bonitas de São Paulo. Sem medos ou culpas, demonstrando um savoir-vivre que muitas pessoas em igual situação têm medo e não ousam praticar, admiro esta qualidade que é a de não adiar o prazer.

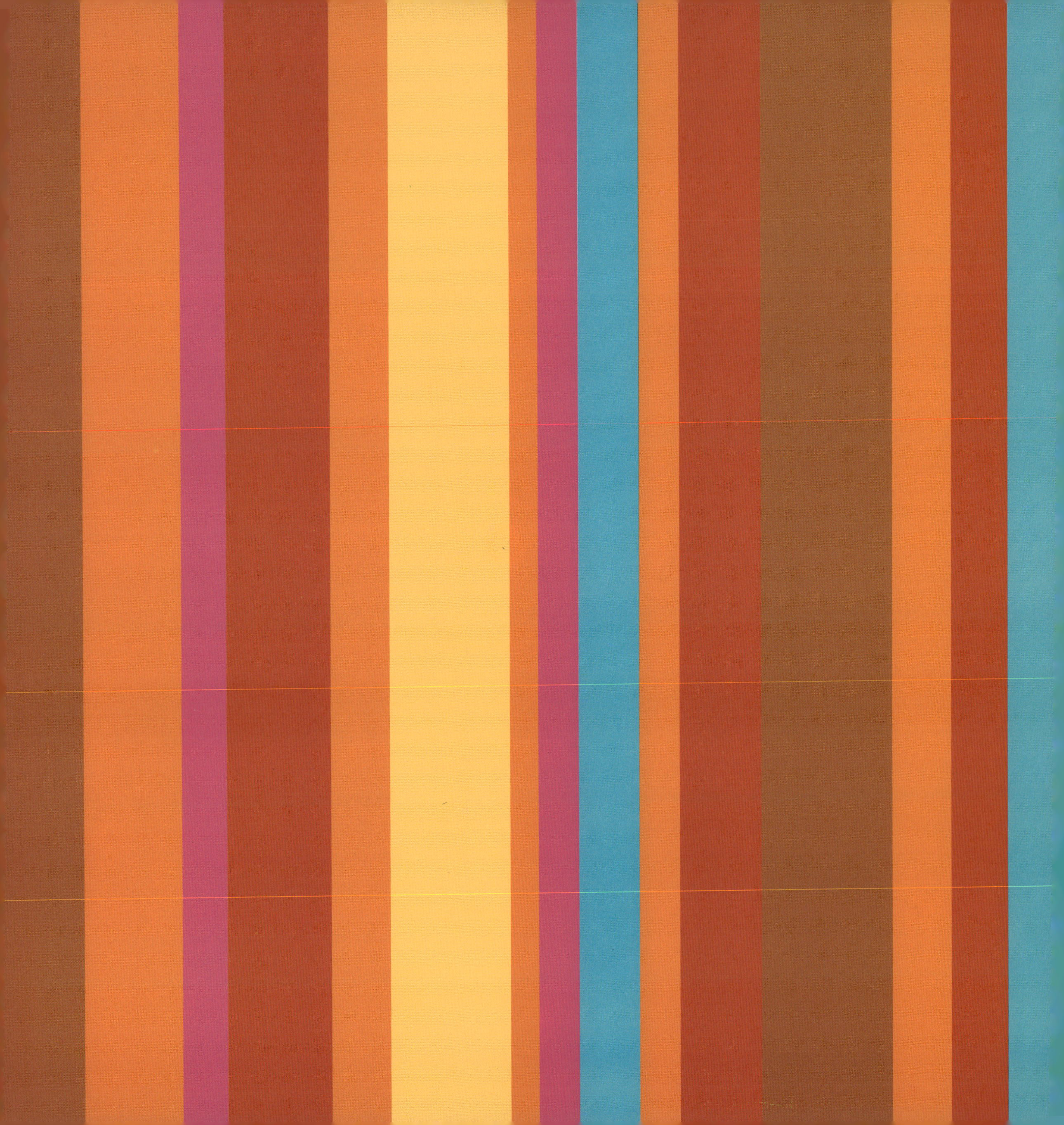

construir cenários

Decorar é antes de tudo criar cenários, onde as pessoas irão representar seus sonhos e expectativas. Cada cliente é um autor de si mesmo, que ao contratar os serviços de um decorador anseia também por uma mudança de comportamento e de vida. Em cada novo projeto é estabelecido um relacionamento de confiança entre as partes, porque antes de entrar na casa de alguém entramos primeiro na sua intimidade.

Minha profissão me faz sentir como uma espécie de confessor ou analista, tenho que conhecer particularidades que me levem a compreender e descobrir o que a pessoa quer conquistar dentro do seu novo cenário. Precisamos conhecer seus hábitos: se costuma ler, ver TV, dormir na poltrona da sala, cantar no banheiro, dormir em colchão firme ou macio, se gosta de tomar o café da manhã no quarto, enfim, o que essa pessoa espera do lugar em que vai morar.

Muitas vezes, encontrei pessoas depressivas, que não sabem que a causa da depressão está dentro da sua própria casa — um ambiente de cores tristes, móveis pesados e escuros, excesso de objetos decorativos, que provocam a sensação de sufoco — e que podem escapar dessa realidade, sem ter que dispor de muito dinheiro. É só entender que precisam transformar seu espaço de vivência e se livrar de objetos que detestam, dos quais não podem se desfazer por remorso, pois são presentes da avó ou da tia. Gosto de encorajar as pessoas a se libertarem das coisas inúteis que as rodeiam e assombram, para se tornarem felizes, sem temor e com ousadia.

Há clientes que, num primeiro encontro e com economia de palavras, numa grande simbiose, me dão a chance de executar projetos maravilhosos em suas casas.

projetos residenciais

*No hall de entrada,
o corrimão dos anos 60
torna a escada uma
verdadeira escultura espacial.
A escultura real, embaixo,
é de Sonia Ebling.
O piso em dama,
determinado por mármore
ônix com perlino branco,
harmoniza todo o ambiente.*

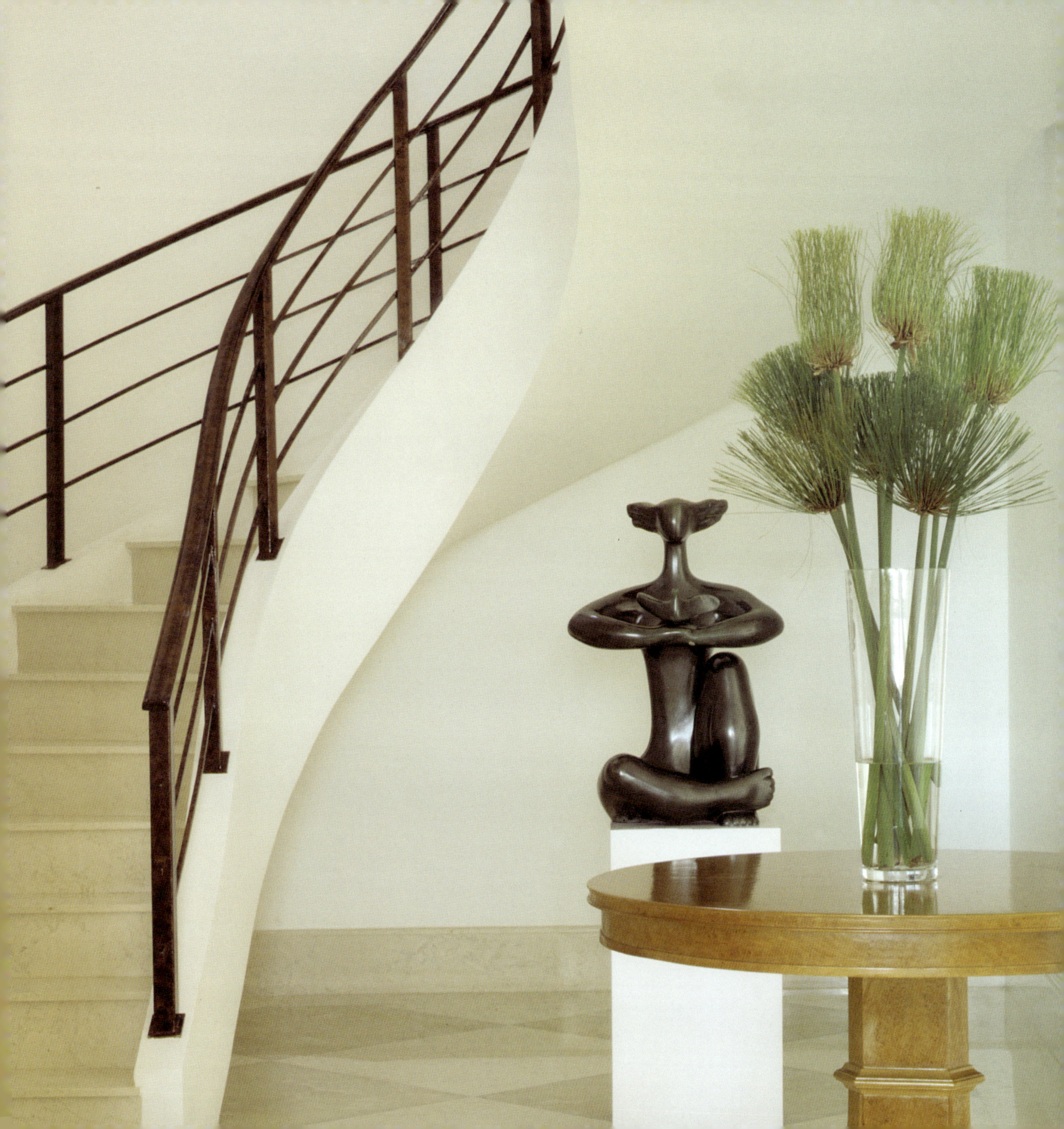

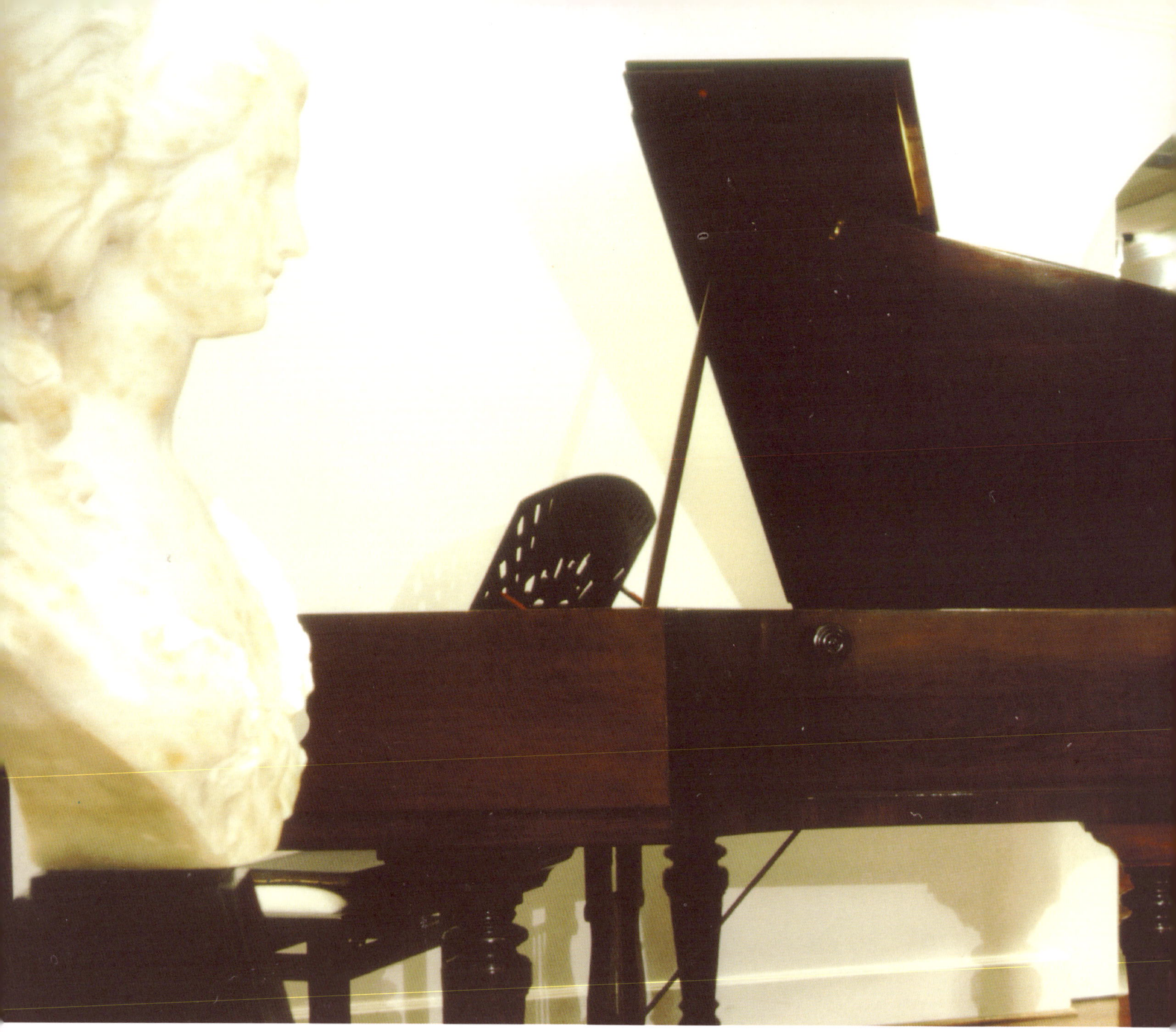

O piano deste living integra-se perfeitamente com o bar.
É um canto para drinques e relax, onde a dona da casa,
que é psicóloga, toca todos os dias quando o sol se põe.

Ao fundo, o quadro de Paulo von Poser em desenho linear produz leveza no ambiente.

O par de espelhos do século XVIII amplia a sala de jantar. As cadeiras são catorze, da Tok Stok, encapadas pela arquiteta com desenhos exclusivos.

Vista panorâmica da casa projetada por Raul Di Pace e Bya Barros na cor vermelha pompeana, criada por Ugo Di Pace.

O toldo Scorzato em visual listrado de azul e branco produz descontração na casa de campo.

O piano é a figura central da área social interna.

A decoração foi toda feita em tons de cru e cáqui. A interferência das obras de arte dá o toque de cor, assim como os acessórios: tapetes, almofadas, etc. Mesa de centro em pedra bruta, com vidro sobreposto.

Para o casal relaxar e namorar: duas poltronas alongadas da Artefacto.

O bar é o canto predileto do dono da casa. Como fundo, a figura central é uma escultura contemporânea de Cássio Lázaro intitulada Chama, da Galeria Skultura.

Mesa e cadeiras Philippe Starck fazem contraste com o lustre de cristal e bronze antigo do século XIX.

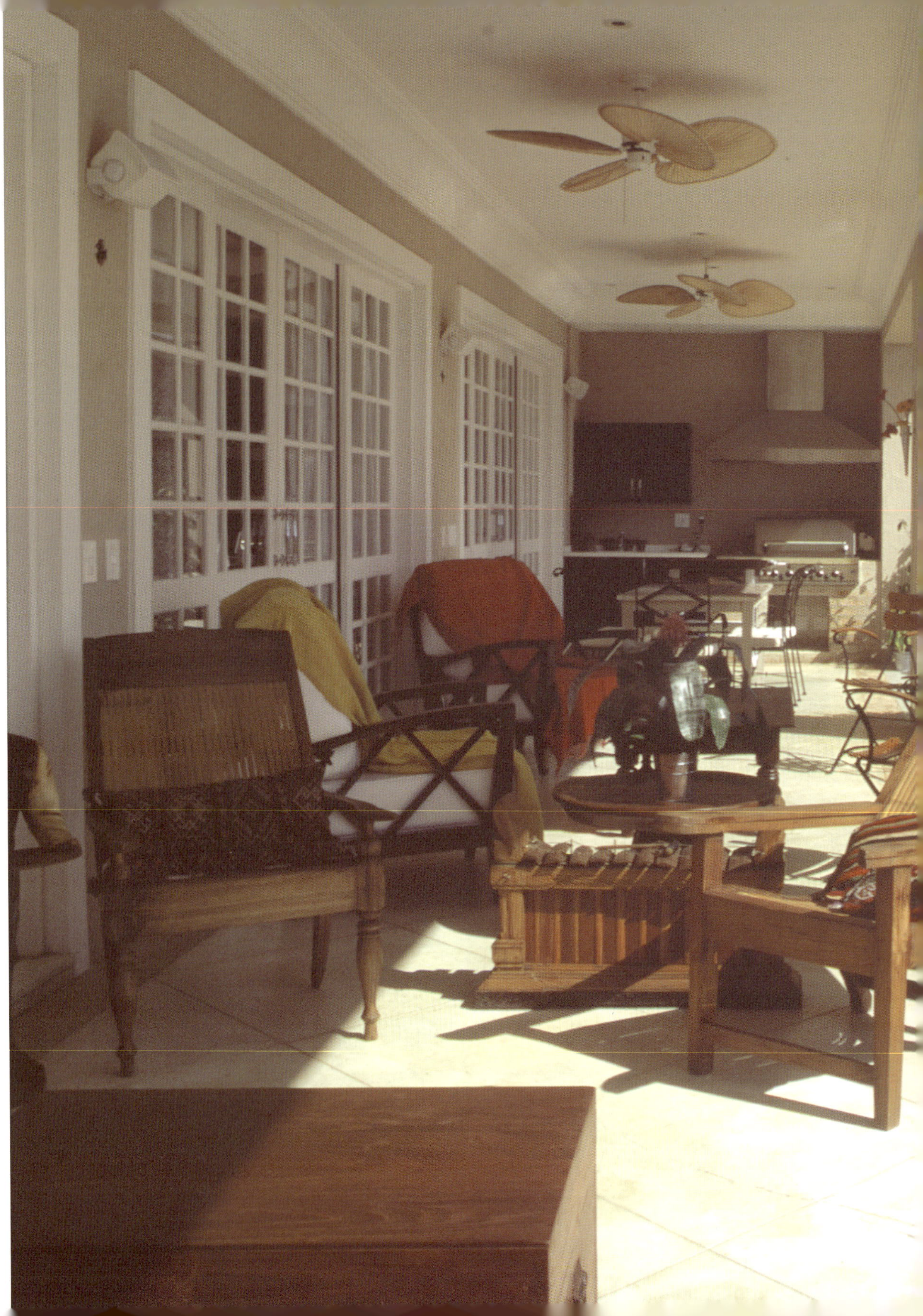

Varanda descontraída para casa situada no bairro do Morumbi, em São Paulo. Mobiliário da Indoásia, importado de Bali. Escultura floral em bronze de Ceschiatti (Galeria Skultura) e ventiladores de leques complementam o décor.

Luminárias em pedra sabão e fragmento do século XIX esculpido pelo mestre Valentim nas paredes. Piso de pó de mármore com cimento branco, lâminas de tijolos requeimados e junção em mármore branco. Porta antiga adaptada ao vão do túnel de entrada.

O bar desta casa de praia é composto por bancos de bilheteria giratória de estrada de ferro. O espelho antigo, que pertenceu a Gabriel Monteiro da Silva no século XIX, dá total contraste ao ambiente rústico.

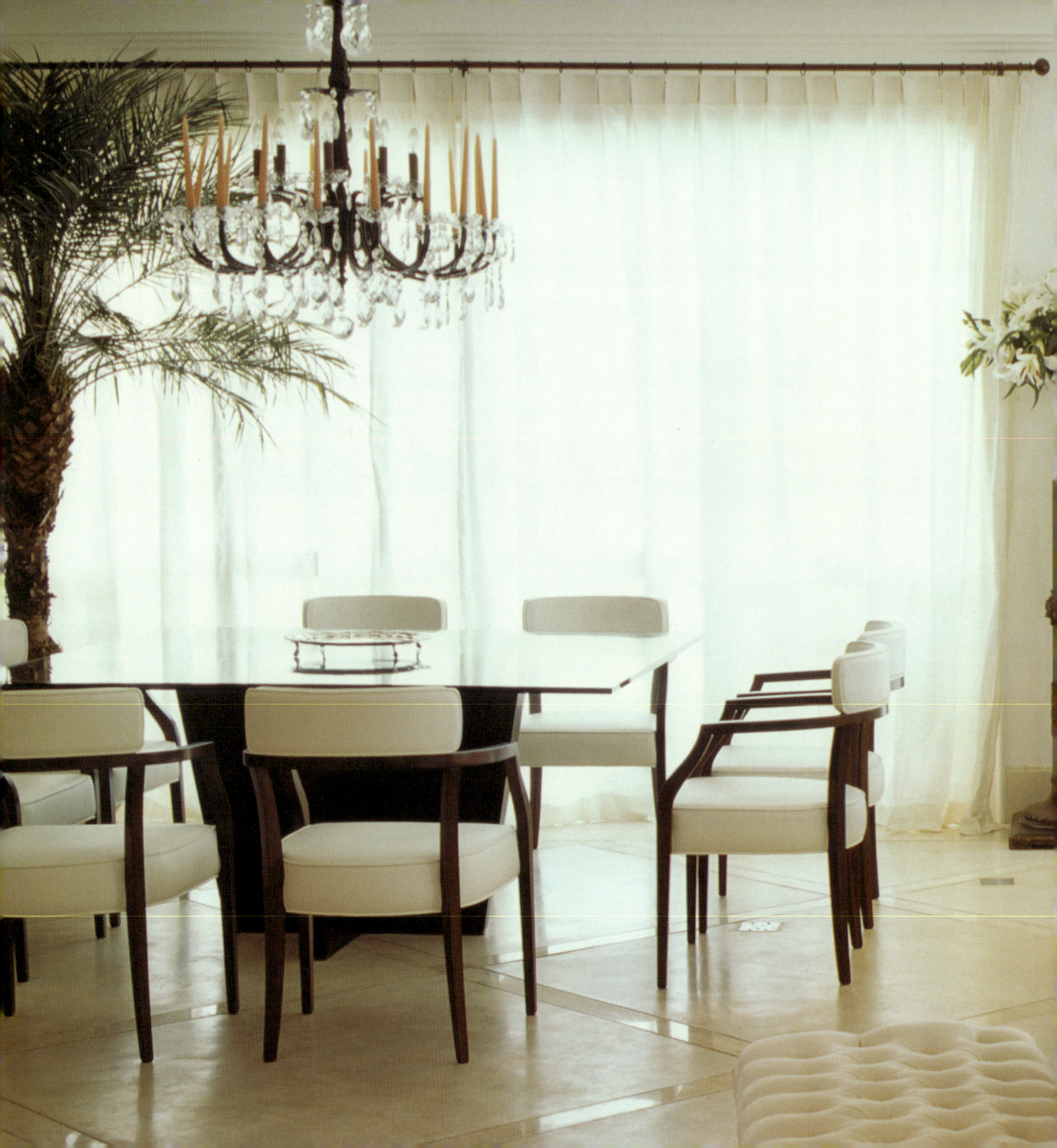

O living fresh dispensa tapetes. O piso é feito em cimento com pó de mármore branco, bege e cabouchon de ônix verdadeiro, importado da Itália. A coluna do século XIX impera no meio de toda a modernidade.

É um prazer dar um toque de charme especial a um escritório ou a uma loja. Agora, planejar um parque de diversões e montar uma feira livre dentro de um shopping é algo muito especial.

projetos comerciais

*O **Fantasy Place**
é uma grande atração do
Market Place, em São Paulo.
Composto com brinquedos
para todas as idades, levou
um ano para ser finalizado.*

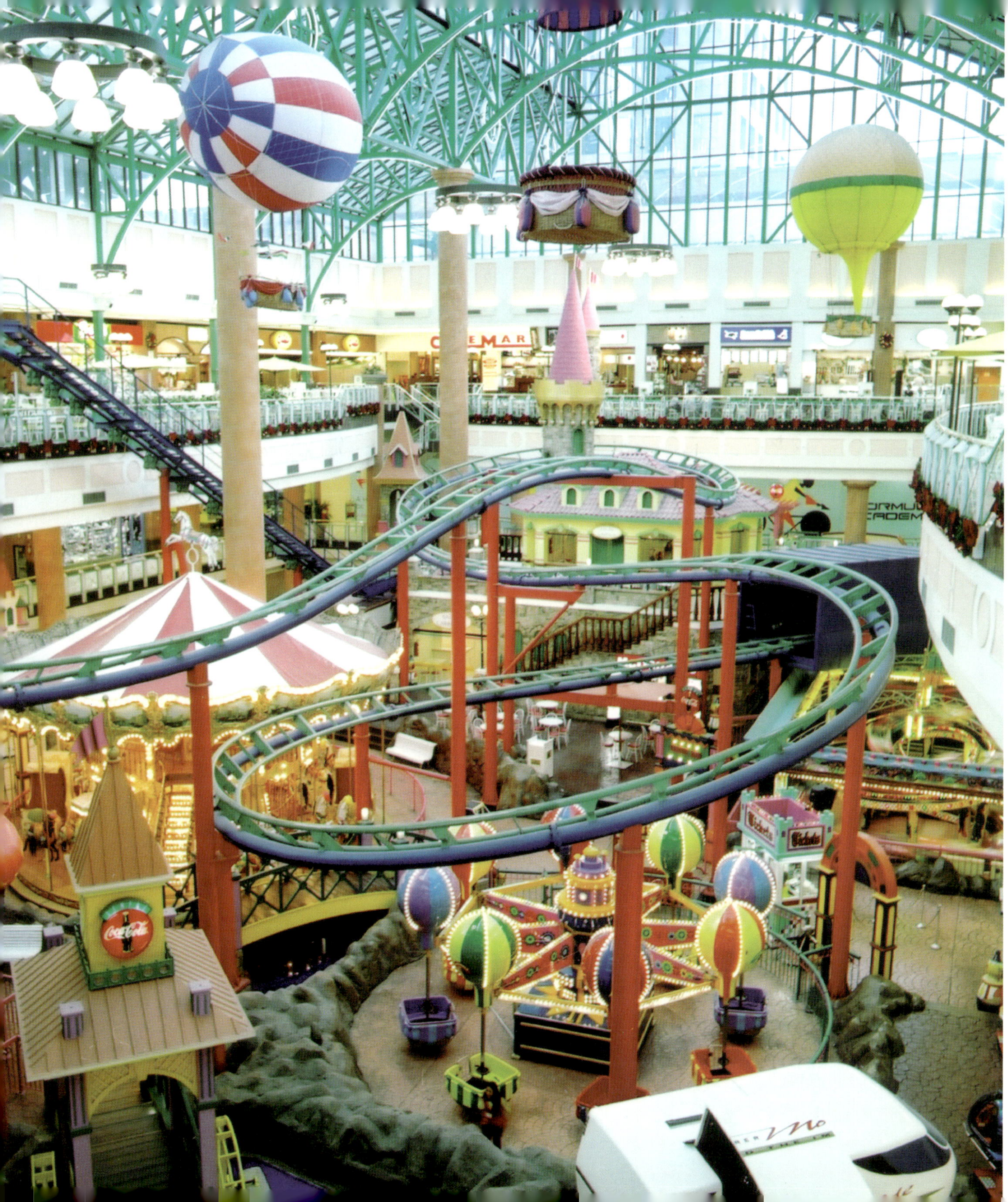
Coca-Cola
Tickets

*A loja **Paola da Vinci** do Market Place, em São Paulo, é especializada em roupa de cama, mesa e banho. Foi inteiramente inspirada nos lofts do Soho.*

*A confeitaria **Sweet Pimenta** é clássica e clean ao mesmo tempo: os produtos sobressaem no balcão.*

O banheiro do **Shopping Iguatemi** foi pensado para oferecer luxo à clientela; já ganhou até prêmio Deca.

Uma feira livre foi transposta para um ambiente fechado, sem que ela perdesse sua plasticidade e seu colorido característico. A **Feira do Market Place** *foi a primeira experiência de feirantes em um espaço confinado e climatizado.*

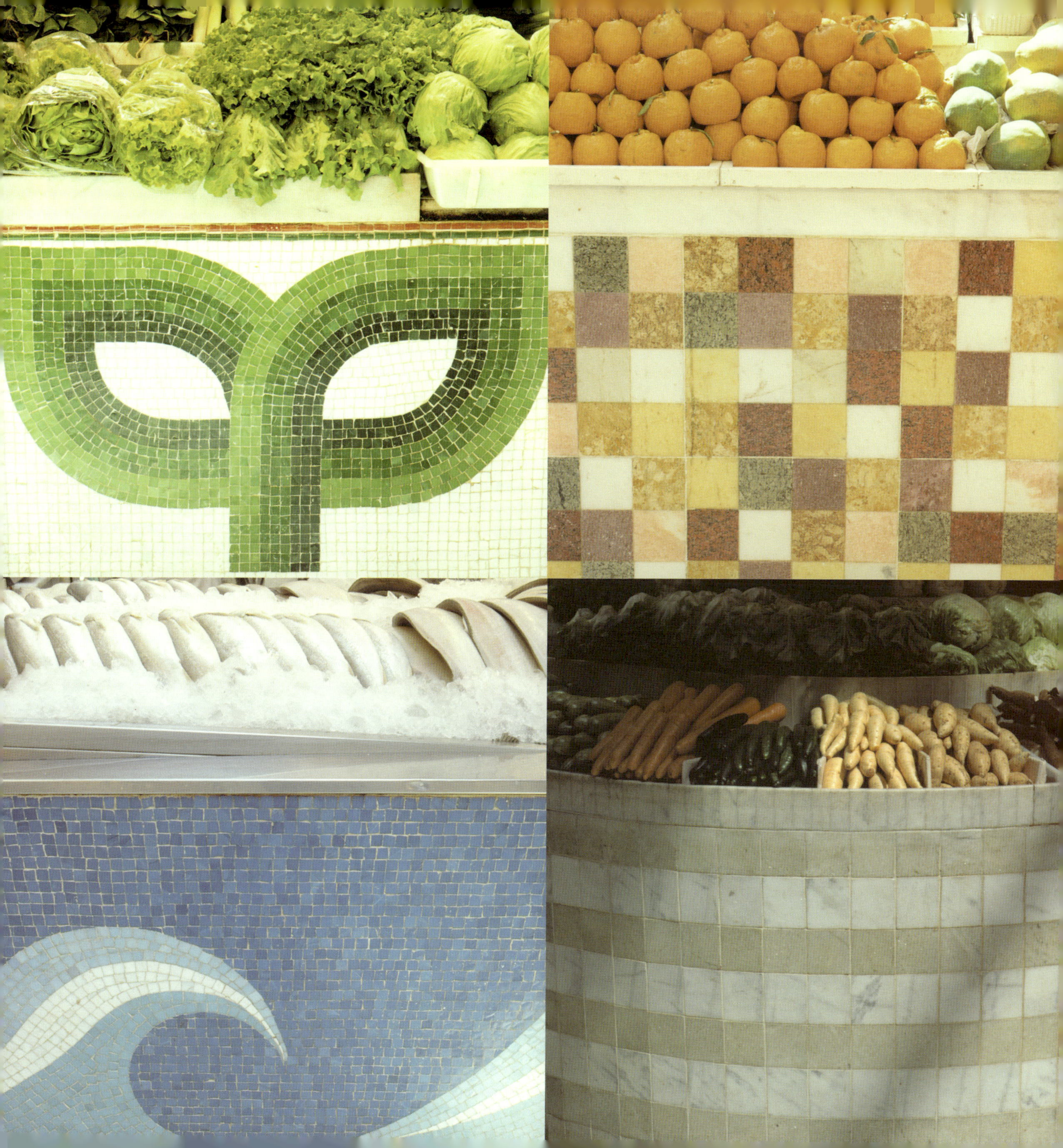

No restaurante, as cadeiras em junco da Cerello tornam o ambiente quente e aconchegante.

As cadeiras, com sobrecapa em tecido geométrico Larmod, dão cor ao american bar. O carpete, em composê verde e branco, tem motivos geométricos.

O lobby, com bar e serviço de café da manhã, tem peças de Philippe Starck.

Balcão de recepção do hall nobre com tapeçaria Aubusson, do século XIX.

Bya Barros fez o projeto de decoração dos 387 apartamentos do **Paulista Plaza — The Flat**, *na Alameda Santos, em São Paulo.*

O lustre gigantesto de ferro, inspirado em castelos italianos, tornou mais nobre um **edifício de escritórios**.

A Escultura
de *Sonia Ebling*,
da *Galeria Skultura*,
convive bem
com um ambiente
comercial.

Cadeiras Cerello estilo bistrô francês, criadas pela arquiteta, misturam-se com outras em ferro e junco (design exclusivo) no salão de estar do **Helvetia Pólo Country**.

Totalmente despojado, o local é aconchegante e descontraído para reunir com classe os jogadores de pólo e abrigar os eventos sociais do clube.

antes de montar o projeto da Casa Cor 2000, viajei à Itália em busca de inspiração na Roma antiga.

projetos especiais

Lavabo montado para a **Casa Cor 1997**. *O tampo da pia foi composto com xerox de gravuras antigas em tons sépia, colados sobre madeira e cobertos com vidro. Dois fragmentos de teto em estanho, retirados de demolição, foram usados como portas do gabinete da pia.*

No mesmo ambiente, uma poltrona da Christie's de Londres foi utilizada para um "trono" muito famoso: o vaso sanitário Deca recebeu dois braços, o que lhe proporcionou muito conforto.

"você é do tamanho do seu sonho..."

Balcão do café em pinho-de-riga, com aplicação de portas antigas de demolição.

Café montado para a
Casa Cor 1998*, produzido*
com exclusividade pela Cerello.
As cadeiras em ferro e junco
receberam capas removíveis
e convivem com cadeiras
de bistrô francês, em junco.

Para a **Casa Cor 1999** foi criada uma chapelaria artística. Painel de Magritte, pelo fotógrafo Rômulo Fialdine. As esculturas de Silvia Barros de Held serviram de apoio aos chapéus do maior estilista do mundo, Phillip Tracy, que desenha para as famílias reais européias.

Para realizar "O terraço do loft do colecionador de arte", na **Casa Cor 2000**, Bya Barros viajou à Itália, em busca de inspiração na Roma antiga, uma vez que a mostra ocorreu num imóvel histórico, que abriga a sede da Cinemateca Brasileira. A idéia foi realçar as características originais da construção, como as vigas expostas no teto, usando colunas e elementos aéreos.

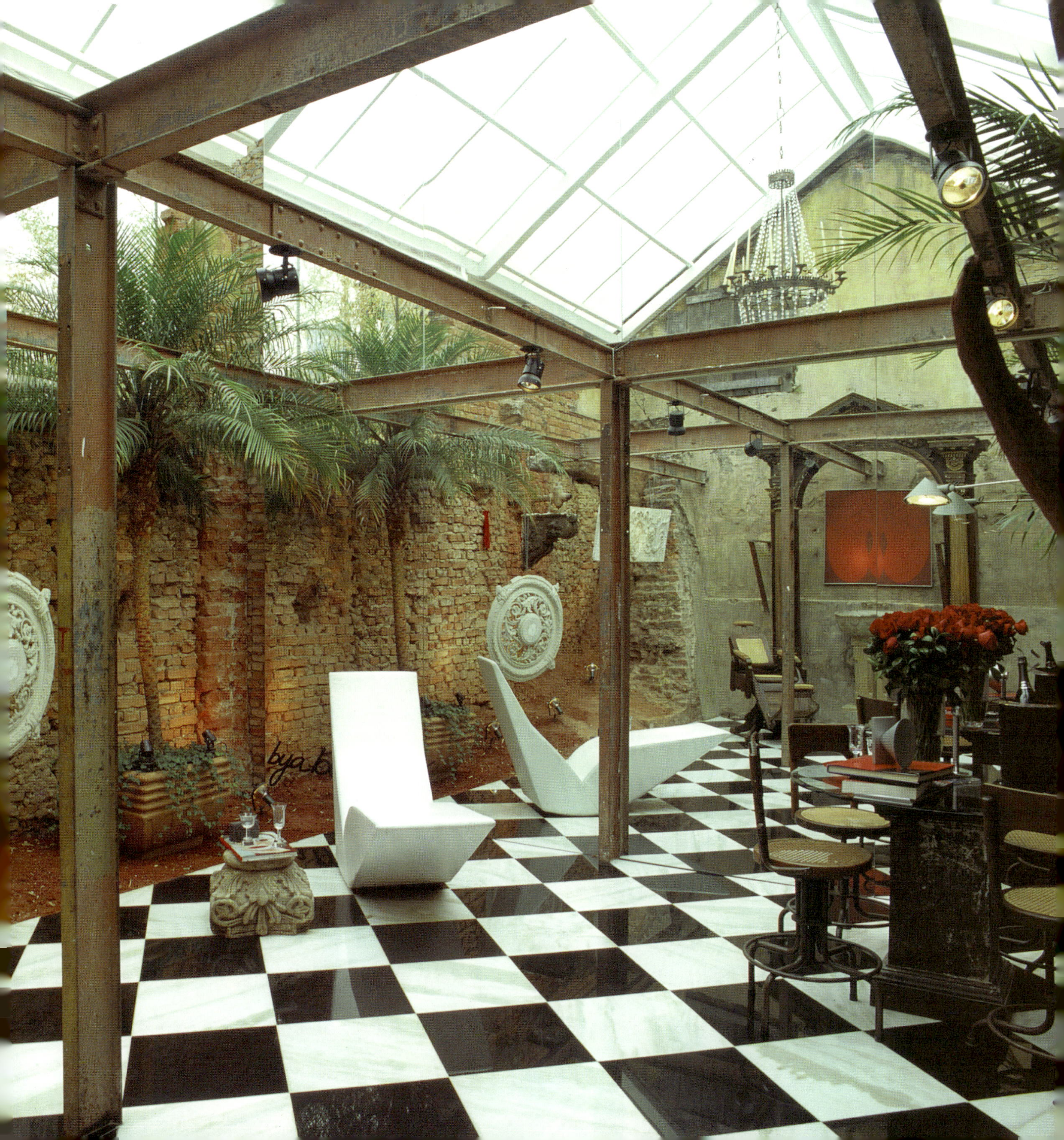

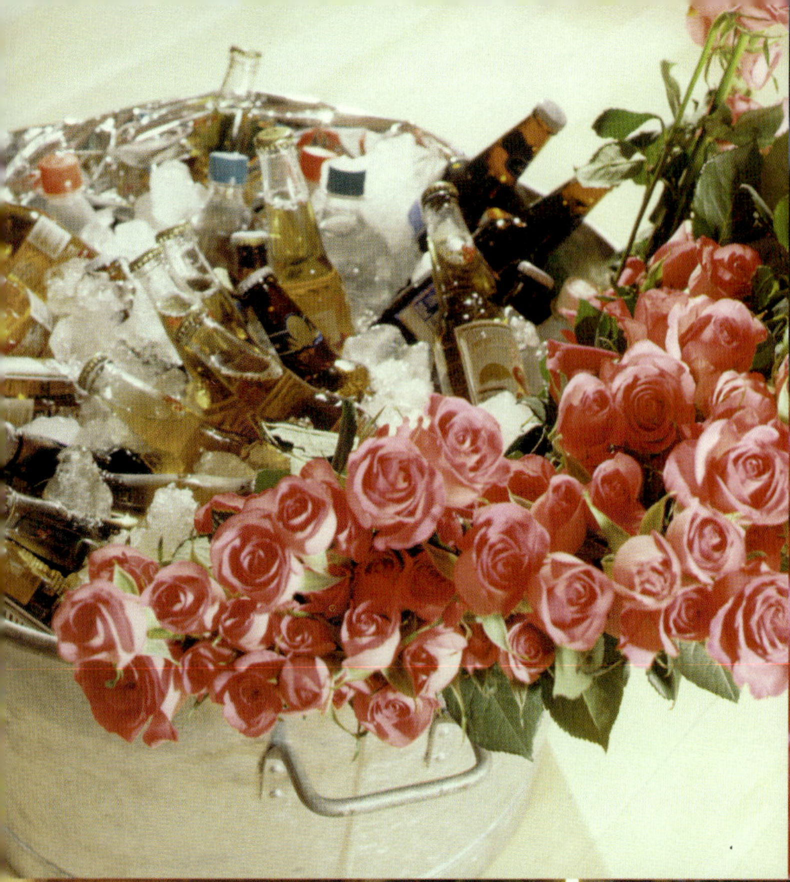
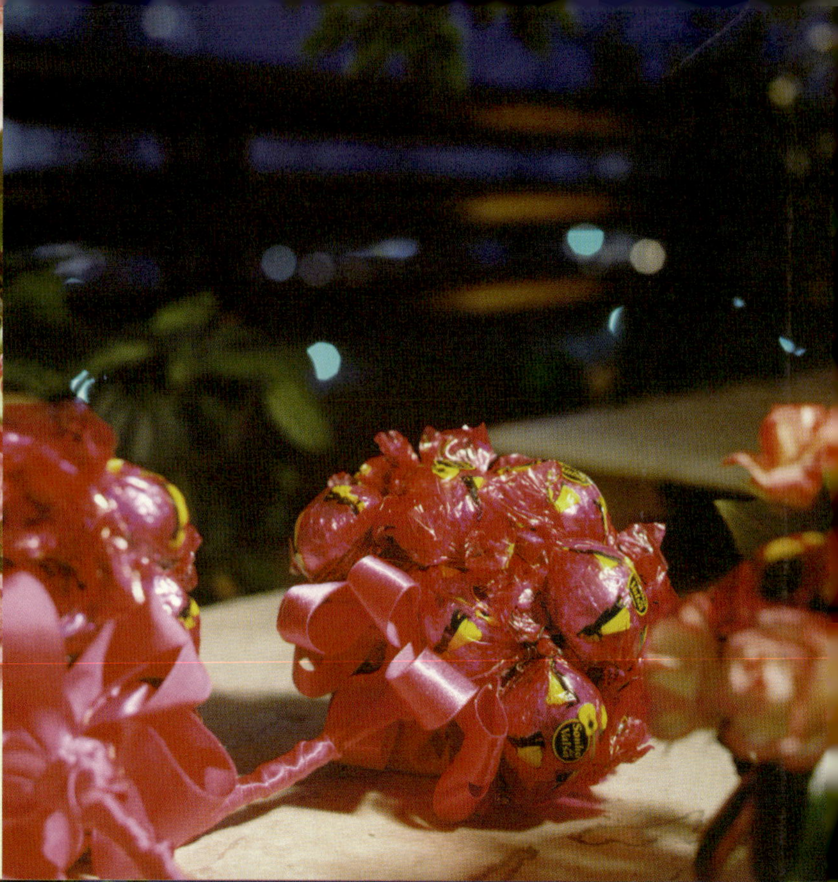
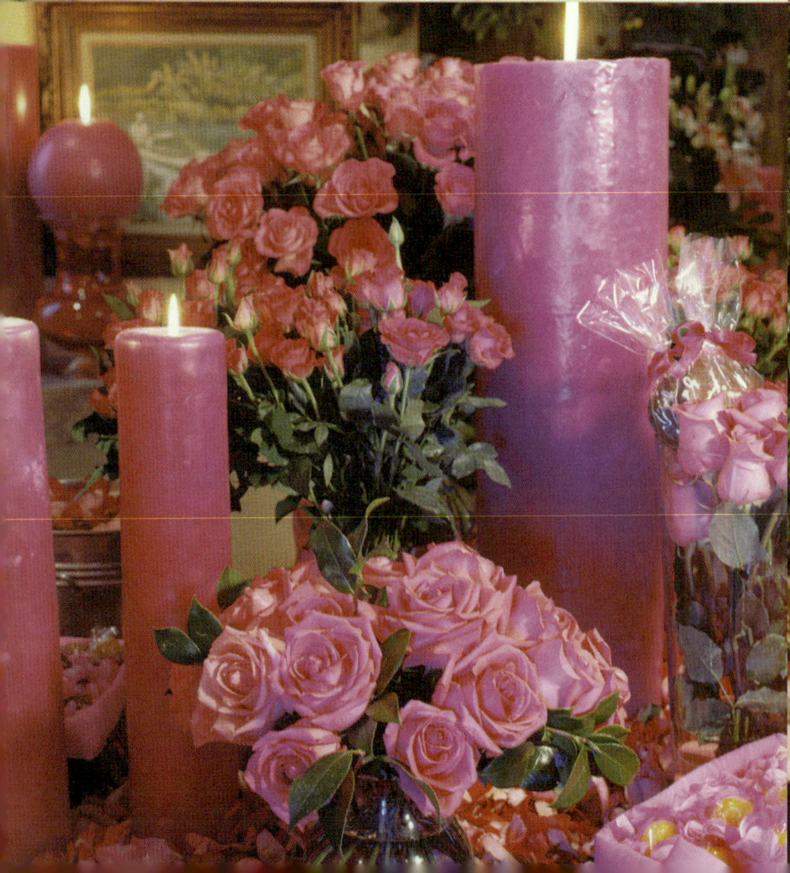
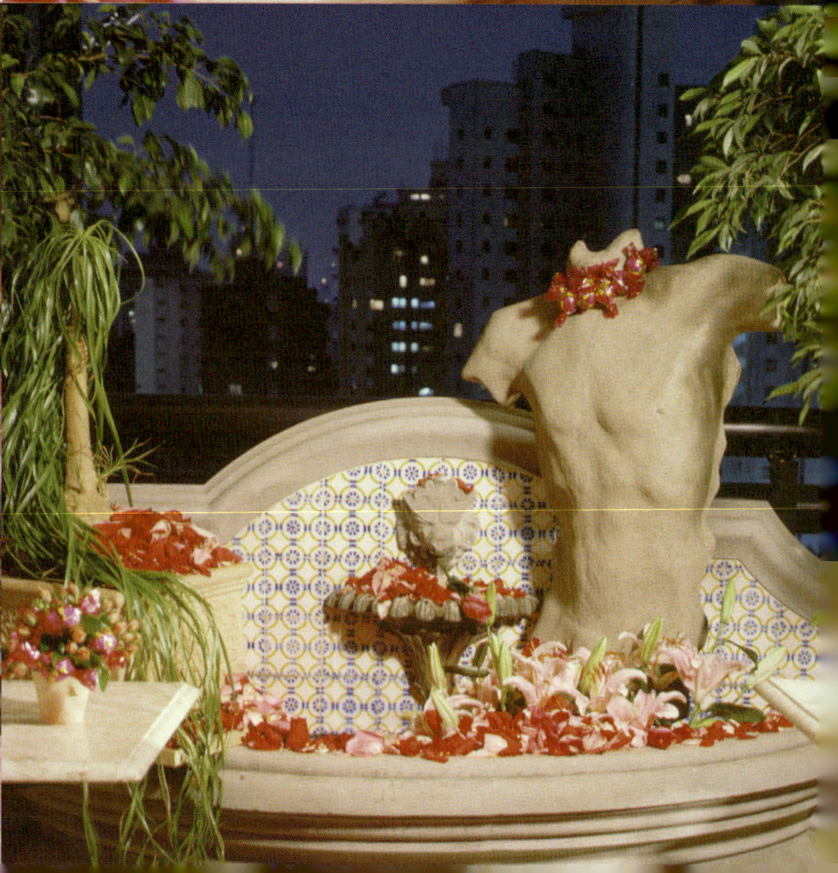

Living de apartamento preparado para a **Festa Sonho de Valsa**, *pelos 15 anos de Veridiana, filha de Bya Barros. A decoração teve como tema o sonho de valsa, tendo como base o tradicional e famoso bombom. A Lacta forneceu 200 metros do papel desse bombom.*

Este livro foi impresso em papel couché fosco de 120.gr/m², no formato de 235 mm x 235 mm, nas fontes Stone Serif (texto), Gillsans (títulos) e Lesley Hand Plain (frases), com fotolitos do bureau Spress, nas oficinas da ADPRESS Ind. Gráfica, em São Paulo, Brasil, na Primavera de 2000.